コメディアン奮戦!

ひょうげもん

HYOGEMON

KOMATSU MASAO

小松政夫

さくら舎

ごあいさつ

みなさま、小松政夫でございます。コメディアンと俳優をかれこれ五十年以上やっています。二〇一八（平成三十）年六月にもテレビドラマで佐野史郎さんと初共演しました。個性派俳優の彼、とっつきにくいかなと不安でしたが「小松さーん、ボクずっと大ファンでした。うれしい」だって。すーっと気が楽になりましたね。ただ、先立った妻を追って自殺する老人の役でしたけど、あはは……。

生まれは、福岡の博多。そう、博多の街は七月一日から総鎮守《そうちんじゅ》・櫛田《くしだ》神社の祭り「祇園《ぎおん》山笠《やまがさ》」一色になります。私、この時期は山笠のことしか考えられない「のぼせもん（熱中男）」なんです。最終日の同月十五日には、七つの町内会ごとに大きなヤマを担《にな》って約五キロの道を走り抜ける時間を競う「追い山」でクライマックスを迎えます。もちろん、一八年の夏も手のごい（手ぬぐい）に長法被《ながはっぴ》姿で参加しましたよ。

芸の事始めは、その櫛田神社の裏にある広場で繰り広げられていた「バナナのたたき売り」「ヘビの薬売り」「泣き売《ばい》」など香具師《やし》の口上《こうじょう》でした。じっと見て覚え、自宅に友人を集めて実演してみせる演芸会を開いていました。小学五年生から中学生のころのことです。

一八年四月、博多で六十数年ぶりに『帰ってきた！マサ坊演芸会』をやりました。五百人収容のホールが満席でした。女優の熊谷真実ちゃん、喜劇役者の芋洗坂係長、入山学君が助っ人に来てくれて「知らない、知らない」「小松の親分さん」など往年のはやり言葉の誕生秘話を明かし、動物模写や鉄道ネタなどの宴会芸、瞬間芸を連発しました。

コンドルの着地シーンはタレントのタモリさんに伝授した芸です。コント劇は、銀行強盗に失敗した犯人に投降を呼び掛ける母親と刑事の設定で、歌ありダンスあり、シラケ鳥あり淀川長治さんあり、笑いあり涙あり。締めて三時間半も舞台を走り回りました。

高卒で上京し、職を転々とした後、人気絶頂だったクレージーキャッツの植木等さんの付き人兼運転手になって芸能界に入りました。二〇一九年一月（平成三十一）に七十七歳、喜寿になりましたが、まだまだ現役です。みなさんに元気のお裾分けをしたい。さあ、〈小松政夫笑（ショー）〉の開幕ですよ。

ごあいさつ

この本は一八年七月二日から十月六日まで、『東京新聞』（『中日新聞』）夕刊で毎日連載した《この道》が基になっています。新聞には書ききれなかった話も加えましたのでお楽しみください。

連載中は「毎日読むのが楽しみです」「少し悲しかったり、楽しかったり、毎回感動します」と読者のみなさんから励まされました。終了時には、小学生の女の子から「最近さびしいなと思ったことがあります。小松政夫さんの『この道』が終わってしまったことです」と泣かされちゃう投書もいただきました。ぜひこの本で、さびしさにサヨナラしてくださいね。それでは始まりますよ。

【目次】ひょうげもん

序　多士済々

1 博多っ子の夢

2　転職の神様

3　すごすぎる人

4 これからこれから

ひょうげもん――コメディアン奮戦！

序

多士済々

ひょうげもん

私が生まれたのは一九四二（昭和十七）年一月十日、戦時中でした。七人兄弟姉妹の五番目で次男です。

自宅は福岡市旧瓦町、現在の博多区上川端町で、まさに博多のど真ん中。父の発案で戦後に建てた一部四階建てのビルは画期的で、一階には乾物屋や洋服屋、鮮魚店など商店が入り、二、三階は自宅を含む集合住宅が並び、四階は倉庫のモダン建築でした。

今では商店街のマンションならふつうの光景ですが、戦後焼け野原にそびえ立った当時は珍しかったでしょうね。

父の死後、そのビルは人手に渡りましたが、現在も一階では八百屋や飲食店が営業しているんですよ。

父は明治生まれで、女学校で栄養学を教えていました。古い写真がいっぱいあって、大きなマイクの前に立って大勢の女学生に講義している写真や、かっぽう着の主婦たちの前で包丁を握って料理している写真もあります。

ただ、私が物心ついた時には教師を辞め、自宅ビルの一階で米国製の板チョコやガム、ショートケーキなどを扱う高級菓子屋を営んでいました。

丸い眼鏡《めがね》をかけ、口ひげを生やし、英国製のスーツに特注の靴を履《は》いて、地元の紳士録にも載るほどダンディーでしたね。

戦後の食糧不足の時もわが家の朝食には、父がどこから仕入れてきたのか、ハムエッグ・トーストが並ぶほど裕福でした。

九州男児ですが料理がうまく、家でも「今日はおれが作る」というとすごく豪華なものを作ります。

私が好きだったのは「ふくふく飯」。なぜそう呼んだのか覚えていませんが、ウズラマメと油揚げをしょうゆベースの甘辛い出汁《だし》で炊きあげたご飯でした。おいしかったなあ。まんじゅうを作っても、自分でふかして焼き印を押したり食紅で名前を入れたり、とにかく凝っていましたね。

子どものしつけには厳しく、ふだんは無口で、口を開くのは怒る時だけです。兄弟の中で私が一番のひょうげもん（ひょうきん者）でした。

夕飯で嫌いなニンジンをそっとよけたり、食べている最中にふざけたりすると容赦なく父の象牙《ぞうげ》のはしが飛んできました。

しかも、はしの太いほうで頭や額をバシーッと叩《たた》くんです。痛いのなんのって。おでこから血が滴《したた》り落ちます。

一滴、二滴とご飯が赤く染まると、私は「わーい、めんたいこご飯だ。うもうなった（おいしくなった）」と騒ぎます。

するとまたもやバシーッ。私は頭をさすりながら「痛えな、痛えな」。後年、ギャグの一つにしました。

たたき売り

序　多士済々

自宅二階から毎日見下ろしていたがまの油売りなど香具師《やし》の口上を、「門前の小僧」よろしくすっかり覚え、友だちに披露したくなりました。

四階の倉庫に簡単な舞台を造り、ガリ版でチケットを刷り、見物しながら食べるお菓子を父が経営する菓子屋から失敬して『マサ坊演芸会』を開きました。

小学五年生から中学生まで続きましたね。見に来る友だちがどんどん増えて会場が手狭になり、写真館の息子を巻き込んで十六畳の広い部屋に移ったほどです。

その演芸会を二〇一八（平成三十）年四月、博多のホールで六十数年ぶりに再演しました。その演目の一つが「バナナのたたき売り」です。博多弁ですたい。

「さあ、買（こ）うた、買うた。バナナの話ば（を）聞かしょうか。生まれは台湾台北で、かわいい姉ちゃんに育てられ、三日四日とたつうちに、なぎなた包丁でちょちょ切られ、箱に詰められ汽車ぽっぽ、金波銀波の波越えて、着いたところは門司港《もじみなと》」

七五調で語呂がいいでしょう。リズミカルで音程もあって音楽のように聞こえます。途中、語りで「子どもにこれを食わして（食べさせて）やればよか。東大まで間違いなく通るよ」。

客席に笑いが起きます。

小道具のバナナを用意するのが大変でした。今どき十数本も付いた大きな房を売っている店はなかなかありません。でも昔のように房を持ち上げてタンカを切りたいので、公演に尽力して下さった地元の友人の柳智さんに何とか探してもらいました。

客席と値段の交渉に入ります。

「さあ、行きましょう。はい、一万円」

客席がどっと沸きます。

すかさず七五調で「今日のお客は貧乏人」。

続けて「よーし、八百円はいないか。いない、あああ、驚いた。しまえ（片づけよう）しまえ。自分で食ったほうがまし」とふてくされてみせた後、大声で「よーし、ひとこと、百」。

客席が一瞬シーンとした後、女性客が「はい」と手を挙げました。私は「本当によかとですか。百、万円と言ったとですよ」。

ここで大爆笑です。

客席から「ばら売りして」と核家族、もしくは独り暮らし社会を反映した突っ込みが入ります。「いろいろ提案の出るね。今日のお客は上客よ」と七五調で締め、みんなに無料で配りました。

ショック

一九五五（昭和三十）年の正月、中学一年のときに人生の転機が訪れます。

明治生まれの父は女学校で栄養学を教えた後、輸入品も扱う高級菓子屋の経営で成功し、屋号を「つたや」と名乗っていました。一部四階建てのロココ式ビルを建て、一階にはその菓子屋と複数の商店が入り、二階以上は自宅を含む集合住宅で、割と裕福な暮らしをしていました。

その年の元日、私が父や姉、親戚から集めたお年玉は合計千円になり、大好きな映画をたくさん見られるぞと興奮しました。当時、映画の入場料は三十円、洋画の封切りは百二十円ほどでした。

映画が「娯楽の王様」の時代であり、中洲だけでも三十軒ほどありました。翌二日に出掛ける時、病で自宅療養していた父から「マサ坊、使う分だけ持って行きなさい」と忠告されたのに、無視して全部持って繁華街へ向かいました。

映画を何本か見て、街をぶらぶら歩いていると高校生のチンピラ集団に囲まれてお金を全部取り上げられました。ショックでしたね。お金がなくなったからではなく、父に怒られるに違いないという怖さでどうしようもなくなりました。友人宅を訪ね歩き、時間をつぶして午後九時ごろ、もう行くところもなくなって渋々家路につきました。

自宅の周りに人だかりがしています。私に気づいた姉が駆け寄ってきて「どこに行ったとね。お父さんが死んだとよ」と言いました。

結核でした。病床にあっても厳しい父に変わりなかったので、こんなにあっけなく逝ってしまうものかと、父の死をなかなか実感できませんでした。大黒柱を失ったのに、母も姉や兄も初めはのんびり構えていました。一部四階建てのビルを追い出されるときですら、「今度は庭付きの一戸建てがよかばい（いいよ）」などとのんきでした。ところが、その庭付き借家も半年ほどで家賃が払えなくなり、次は庭なし戸建て、そして六畳二間、さらに六畳に小部屋付きへと転居を繰り返しました。

きょうだい七人ですが、長姉と兄は家を出て六人家族です。揚げ句、母から「マサ坊、高校は行かせられんけん、働いてくれんね」と言われました。

もうイヤ、こんな生活

父が亡くなって多額の借金も判明し、母から「高校には行かせられない」と言われましたが、高校くらい出ていないとつぶしが利かないと自分で考え、県立福岡高校の定時制へ進学しました。

わが家はすっかり貧乏になって六畳一間に小部屋が付いたアパート暮らしです。炊事場は共同で風呂はありません。長女と長男は独立し、次女、三女、四女、弟、母と私の六人で狭い部屋にいると、女性四人の着替えや裸が見たくもないのに目に入るので嫌でしたね。思春期ですもん。

「もうイヤ、こんな生活」というのは、後年の私のギャグの一つですが、ぐれかけたときに助けてくれたのが博多の老舗《しにせ》和菓子店「石村萬盛堂《まんせいどう》」のおかみさんでした。

萬盛堂のアルバイト募集を友人から聞いて、いつもおなかがすいていたので「つまみ食いできるかな」と思ってバイトを始めました。銘菓「鶴乃子《つるのこ》」は、柔らかくてふわふわのマシュマロの中にあんこが入っています。型枠に片栗粉を敷いてマシュマロやあんこを絞り込んで一晩置いて両手でふるいにかけますが、全身真っ白になったものです。その菓子を一個一個、手作業で包装して箱に詰め、デパートや土産物店へ運びました。

工場の壁には「つまみ食い厳禁」と紙に書いて貼ってありましたが、私はおかみさんが来たらわざと見えるようにポイッと一個口に入れました。「あのね」とおかみさん。「はーい」と私。「食べたらいかん（いけない）とここに書いてあるでしょうが」と叱られます。

私が「ああ、指でつまんだらダメだけど、包装紙にくるんで食えばいいのかと思いました」とあっけらかんと答えると、おかみさんは「ばか、ばか」とさらに怒りましたが、なぜかかわいがってもらいました。

ある時、おかみさんに「家に帰りたくない」と事情を打ち明けました。工場の二階には鶴乃子の菓子箱を置く畳部屋がありました。十畳ほどあり、おかみさんは「そこに布団を敷いて、ご飯もうちで食べて学校に通えばいいよ」と優しく言ってくれました。石村萬盛堂さんは今でも私の芸能活動を応援してくださいます。

役者になりたい

一九六一（昭和三十六）年四月、十九歳で博多から上京し横浜駅に着きました。駅を降りると「うわっ、今日は博多祇園山笠な（だろうか）」と思うほどにぎやかで、人出の多さに驚きました。

後でこの混雑ぶりは毎日のことだと知り、博多を都会と思っていたのでカルチャーショックでしたね。ただ若者のファッションはたいして変わらない。博多もあか抜けていると思いました。

しかし、女性がものすごく上品に見えました。その理由は言葉です。「なんばしよーと？」ではなく「何してんの？」。そう話すだけで女性がきれいに、かわいく見えました。ただ、男性が同じ言葉遣いをすると、しゃくに障ります。「君、何してんだい？」。おい、こら、なーに艶つけ（格好つけ）やがって、この野郎、と言いたくなるんですね。博多もんの血でしょうか。

国鉄から相鉄線に乗り換えて星川駅へ向かいました。兄が勤める商社の独身寮があるのです。

はがきの住所から探し当て、兄の部屋の前で待つことにしましたが、事前に上京するとは伝えていませんでした。

帰宅した兄は私の顔を見てギョッとした表情で、「マサ坊？」と驚きながらも私を押し込むように部屋に入れました。「なんば（何を）しに来たと？」と尋ねる兄に、「役者になりに来た」と答えました。

兄はあきれながらも私の話を聞き、とりあえず自分の部屋に潜んで、朝夕は大勢の社員にまぎれて食堂で食べるようにと言いました。

俳優座の養成所を受験しました。小学生の時は『マサ坊演芸会』、中高生のときは謝恩会などの演芸大会で監督、脚本、主演、大道具、宣伝など何でもやって芸を磨いてきた私です。試験に受かり、入学金を納めれば役者の入り口に立てるはずでしたが、数千円のお金がありません。

兄も苦学して就職し、借金を返済しています。誰にも頼れないので、結局、役者はあきらめました。

後に俳優の浜畑賢吉さんから「受験番号が並んで合格していたから、もし入っていたら同期だったね」と言われました。

兄は博多へ帰れと言いましたが、後にお話しするような、あんな盛大な見送りで出てきたのですから帰れません。

しかも独身寮で変なヤツが紛れ込んでいると騒ぎになり、規則違反で兄ともども追い出されてしまいました。

運命の三行広告

一九六二（昭和三十七）年に横浜トヨペットに入社してから一年半がたちました。川上実営業部長の「ブル部長」に鍛えられ、今や月に最高二十二台の車を売るトップセールスマンです。毎朝、馬車道の理容室に寄って整髪し、ポマードをばっちりつけて出社します。誰もががむしゃらに働く時代でした。

月末に全員ノルマを達成すると大宴会や熱海旅行が待っています。小学生のころから『マサ坊演芸会』で香具師の口上や浪曲、瞬間芸などの芸を磨いていた私の出番です。いつの間にか社内で「芸者を呼ぶより松崎（私の本名です）のほうが面白い」と評判になり、ほかの部署の宴会にもお呼びが掛かるようになりました。

私の唯一の息抜きは毎週日曜午後五時半から七時まで、横浜駅西口の商店街にあったビアホールでテレビ番組を見ることでした。まず六時から『てなもんや三度笠』、そして六時半から『シャボン玉ホリデー』です。テレビの最前列席をキープしてもらいました。そのために支配人に数ヵ月に一度一万円のチップを払っていましたね。

『シャボン玉〜』は歌あり、ダンスあり、コントありのバラエティー番組です。ひな壇に並んで人の悪口を言ったり揚げ足を取るような今のバラエティーと違い、当時は一流の歌手やダンサー、コメディアンが芸を競い合っていました。

これに出演する「ハナ肇とクレージーキャッツ」は、ジャズの演奏がピカ一で、米軍将校クラブにも呼ばれるほどの実力派バンドです。さらに彼らのコントが底抜けに面白いのです。中でも豪快でひょうきんな植木等さんの大ファンで、笑い転げていました。

そして運命の日が来ます。そのビアホールに芸能週刊誌が置いてありました。ページをめくると三行広告が目に留まりました。「植木等の付き人兼運転手募集。やる気があるなら、めんどうみるヨ〜〜」。まるで大草原の中に一本だけ立っている四つ葉のクローバーを見つけた思いです。

上京して一度は俳優をあきらめましたが、芸能界への情熱が再びわき出しました。会社の先輩や同僚に相談すると「トップセールスマンが今さらかばん持ちになるのか」、「おまえならやれる」と賛否半々でした。

付き人兼運転手

クレージーキャッツの植木等さんの付き人兼運転手には約六百人も応募がありました。私は横浜で夕方まで仕事をした後、有楽町の面接会場に先輩の車で向かいましたが、渋滞で面接時間に二時間も遅れてしまいました。しかし、なぜか面接をしてもらえました。

考えてみると、二年近い車のセールスマンの経歴と、パリッと背広を着こなした社会人の顔写真が応募用紙にあります。芸人ではなく運転手の募集ですから、書類選考の段階で有力候補だったのかもしれません。

問題はブル部長こと、川上実部長が何と言うかです。私が「相談があります。実はどうしてもコメディアンになりたくて、植木等さんの付き人兼運転手に応募しました」と言うと、書きものをしていた部長は顔も上げずに「で、見込みはあるのか」と尋ねます。「応募者数が多くてどうなるか分かりません」と答えました。

植木等さんの付き人兼運転手のころ

「この野郎、オレが引き抜いてたたき上げ、トップセールスマンに育ててやったのに、おまえに一体どれだけ投資したと思っているのか」などと怒られると思っていましたが、ブル部長は「うん、そうだな、おまえに向いているかもしれないな」と意外な返事でした。

そして採用されると、ブル部長は「よし、応援するから行ってこい」と快く送り出してくれました。しかも「車のセールスで何かやり残したり、集金など問題を抱えているのなら、全部オレが片付けてやるからな」とまで言います。

私はブル部長に本当にかわいがってもらっていたと分かりました。

ブル部長はその後、レンタカー部門を立ち上げる仕事も見事に成功させましたが、仕事はできるのに何でもズバズバ直言するため社内に敵が多くて会社を辞め、全自動麻雀《マージャン》卓の会社を起こし社長になったそうです。

私が一緒に働いていたころは独身でしたが、その後結婚され、五十代の若さで亡くなりました。葬儀に参列して初めて奥さんに会いました。私がテレビに出るようになると、ブル部長は奥さんに「こいつはね、前から面白かったんだよ」と話していたそうです。ありがとう、川上実部長。

一九六四（昭和三十九）年一月、私は憧れの植木等さんの付き人兼運転手になりました。当時、クレージーキャッツはテレビ、映画、舞台に大忙しで、植木さんは過労から体調を崩して入院していました。

芸名誕生

『シャボン玉ホリデー』のレギュラーには俳優の松崎真さんがいらっしゃいました。後に『笑点』の座布団運びを長年された方です。私も本名が松崎雅臣《まさおみ》なので、リハーサルや番組収録のときに親父《おやじ》さん（植木等）が「松崎ーっ」と呼ぶと、真さんと私が同時に「はいっ」と返事をします。

「そっちの、いや、こっちの松崎だよ」と指をさす親父さんが、あるとき「面倒くさいから、体の大きいほうの松崎は大松、小さいほうは小松にしよう」と決めました。真さんは身長も体重も私より大きかったのです。それ以来、私は「小松」と呼ばれるようになりました。

クレージーキャッツの犬塚弘さんは「おまえは博多出身だろ。博多と言えば祭りのどんたくだ。芸名が決まったぞ。どん・たくお」と笑いましたが、当時、面白い芸名といえば

「山茶花究（さざんかきゅう）」さんがいたし、クレージーの谷啓さんは米国人喜劇俳優ダニー・ケイの名前にあやかっています。

そのころ私はあるテレビ番組で小さな役をもらっていました。フランス帰りのきざな美容師役で、名前は「ジェームズ本堂」です。洋画００７シリーズの主人公「ジェームズ・ボンド」をもじりました。

親父さんが「そろそろおまえにも芸名を考えよう」と言うので、私は「ジェームズ本堂はいかがでしょう」と提案しました。すると親父さんは「バカか、おまえ。ＮＨＫの大河ドラマに出るようになったら、ジェームズ本堂じゃ恥ずかしくないか」と言うのです。

え？　大河ドラマにオレが出るのかな。そっちを目指しているわけではないから、「一二三太（いちにのさんた）」か何か面白い名前がいいなあ、なんて考えていました。

「うちのばあさんが姓名判断に凝っているから、小松に合う名前を調べてもらおう」と親父さん。しばらくして封筒を渡されました。開けると「小松政夫。小松は末広がりで良い。政夫は簡単に見えるがとても奥が深い」と書いてありました。その晩、住んでいたアパートに帰って、学生たちとサインの練習をしました。そのときに誕生したサインを今でも使っています。

夢の初舞台

端役《はやく》のエキストラではない私の初舞台は、クレージーキャッツ日劇公演の演目の一つで『クレージーの音楽会』でした。リーダーのハナ肇さんがいきなり「大役だぞ」と言います。親父《おやじ》さん（植木等）も知らなかったようで「おまえ、大丈夫か」と驚いていました。バンドの演奏が始まり、途中で司会者が「ここでゲストをお迎えします。世界的ティンパニー奏者と言えばこの方、ハーナーノバーカー氏です。もうすぐ百歳です」。燕尾《えんび》服姿の私がティンパニーを押し、大きな鼻ひげを付けたハナさんが私の肩につかまってヨロヨロヨロと出てきます。ハナさんの両手は初めから激しく震えており、マレットを握らせるとドコドコたたきます。私がステッキを取り出し、ハナさんの両腕の下に入れて持ち上げると音が止まります。ステッキを下げるとまた音が出ます。指揮者の親父さんのタクトに合わせて私がハナさんの両手を上げ下げして、観客は大笑いでした。

演奏会ではこんなのもありました。クレージーの安田伸さんが、ソロ奏者としてクラリネットでジョージ・ガーシュインの名曲『ラプソディー・イン・ブルー』を吹いています。ところが途中から「ソラシーラソ、ソラシラソラー」と中華のチャルメラに変わっちゃうんです。

するとラーメン屋の店員に扮した私がアルミの岡持《おかもち》（出前箱）を提げて登場し、指揮者の親父さんに「へい、お待ちどおさん」。親父さんは「何だ、コンサート中だぞ」と怒り、私が「ニラそばはどなたですか？」とバンドメンバーに渡そうとして追い回されます。

付き人の中で、私はよく出演させてもらいました。ほかの付き人はミュージシャン志望で、私だけがコメディアン、俳優志望だったからでしょうか。

とにかく親父さんはことあるごとに私を売り込んでくれました。テレビでも映画でも舞台でも、主役の親父さんが「こいつ面白いから使ってやってね」とプロデューサーやディレクターに言うと、従わざるを得なかったでしょうね。いまだに私は、親父さんの庇護《ひご》の下に生かされているなあと思います。

シャボン玉ホリデー

バラエティー番組『シャボン玉ホリデー』はクレージーキャッツやザ・ピーナッツがレギュラー出演し、優れた歌やコントなどでテレビ黄金期の一翼を担いました。演出の秋元近史さんは徹底的に笑いを追求する怖い人でした。私が何かの用で制作部屋に行くと、秋元さんから「ちょっと待ってろ。一息ついたらお茶でも飲もう」と声を掛けられました。

クレージーキャッツの付き人やバックバンド、コーラスのメンバーには、番組収録の際にコントで使う通行人の役や子どもの役など端役が急に回ってきます。みんな何でもいいから役をもらって芸能界ではい上がろうと必死でした。

シャボン玉の構成作家は初期のころが野坂昭如さんや前田武彦さん、それから青島幸男さん、はかま満緒さん、河野洋さん、田村隆さんらそうそうたる人たちでした。

秋元さんは一つのコントを五、六人の作家に書かせて、できた原稿に目を通すと「こんなものが面白いか」と怒ってビリビリ破ります。そして複数の案の中からいいところだけを取り出して一つの話を作り上げるのです。秋元さんの笑いに懸ける情熱を目《ま》の当たりにしました。

台本ができて放送までのリハーサルも真剣勝負で、徹底的に繰り返します。タレントのダラダラ話を垂れ流すだけの今のバラエティー番組とは全然違いました。

収録の合間は付き人たちの真剣勝負です。クレージーのメンバーの前でネタを披露させられました。もし面白かったら出演チャンスにつながるかもしれません。私も小学生のころのマサ坊演芸会のネタや、車のセールスマン時代に仕込んだ「何をユージロー、シマクラチヨコ」などのネタを披露しましたが、最初はなかなか受けませんでしたね。

秋元さんは、お茶を飲みながら「君は横浜トヨペットにいたのか。部長の勉（宮原勉さん）は俺と同級生だよ。彼はいずれ社長になるよ」と言うのです。ブル部長と同じく世話になった宮原勉さんは後に社長から会長になられました。人の縁とは不思議なものです。これも秋元さんにかわいがられる一つの要素になったのではないでしょうか。

クレージー！

「ハナ肇とクレージーキャッツ」の全盛期です。リーダーでドラマーのハナ肇さんは親分肌で、よく「小松、おまえやれ」とコントで使ってもらいました。ハナさんが言うと決定です。ある地方公演で看板が「植木等とクレージーキャッツ」に間違えられていました。でもハナさんは一切文句を言いません。人気者の植木を押し上げて、みんなでいい仕事をしようと考える懐の深い人でした。

トロンボーンの谷啓さんは恥ずかしがり屋です。弁当を食べる時も口もとを見られないように、ふたを立てて隠していました。でも話が面白いので谷さんの楽屋は付き人たちのたまり場になっていましたね。ずいぶん後のことですが、私があるミュージカルで歌う曲『バイ・バイ・ベイビー』の入り方が分からないと相談すると、全楽器を一人で演奏した練習用の録音テープを送ってくれたんです。面倒見のいい兄貴分でしたね。

ベーシストの犬塚弘さんはメンバーの中でただ一人ご存命です。ダンディーで自宅へよく遊びに行きました。今でも年賀状を出すと必ず電話で「飲みにおいで」と誘ってくださいます。

クレージーキャッツのメンバーと著者（右から４人目）

ピアニストの桜井センリさんはマイペースの方でした。飲みに行くのが好きで、テレビ局で収録時間になってもなかなか現れません。その局のラウンジで飲食しているのを知っている私が呼びに行くと「いいじゃないの、まだ時間はあるよ」となかなか立ち上がらない、長っ尻でした。

サックスの安田伸さんは車好きで、私が車のセールスマンをしていたことを知って、「松《ま》っちゃん」と親しく呼んでくれました。外国へロケに行く際は、愛車を私に預けて「一週間毎日乗り回してくれ」と維持管理を託されました。

もう一人のピアニストの石橋エータローさんは

料理研究家になりたいと後年バンドを離れました。ハナさんがメンバーに「全員集合」と言うと、ハナさん宅で仕事の打ち合わせになりますが、エータローさんがシューマイなど凝った料理をいつも作っていました。

そうそう、この「全員集合」はハナさんの口癖ですが、後にザ・ドリフターズに「全員集合をバンドのキャッチフレーズにしなさい」と譲っていましたね。

クレージーキャッツはすご腕ジャズバンドです。出演していた米軍将校クラブで「ユー・アー・クレイジー」とたびたび言われているのを目撃しましたが、その「クレージー」は「おまえたちの演奏すごいな、面白いな、最高だ」という意味なんですよ。

スタント挑戦

映画にも通行人などでよく出させてもらいました。最初は『日本一のホラ吹き男』（一九六四年）で東京・多摩湖でのロケです。親父《おやじ》さん（植木等）と浜美枝さんが遊歩道を歩きながら愛を語らいます。監督から「小松、歩け」と指示が出ました。

偶然にも一般女性数人がいたので「監督、この人たちも一緒にいいですか」と尋ねると「やれるならやってみろ」。その女性たちを「映画に出ませんか」と誘い、親父さんカップルとすれ違うシーンの完成です。私たちはふざけて談笑しながら歩きましたが、私の記念すべき映画初出演は後ろ姿だけでした。あはは……。

初めて脚光を浴びたシーンは、同じく古澤憲吾監督、親父さん主演の『大冒険』（六五年）です。親父さんはジャッキー・チェンやトム・クルーズばりに代役なしで車を跳び越え、ビルの壁にぶら下がり、クレーンにつるされるアクションを見事にこなしました。

映画『大冒険』でバイクのスタント

ただ一つ、神戸港でバイクに乗ってジャンプするシーンだけは代役です。ところが踏み板を見たスタントマンが「こんな急角度じゃ跳べません。もっと低くしてください」と言います。古澤監督は武闘派の怖い人で「プロなら跳べ。時間がないんだ。バカ野郎、早く跳びやがれ」とすごい剣幕《けんまく》です。スタントマンは「プロだから、できないと言ってるんです」と捨てぜりふを吐いて帰っちゃいました。

恐る恐る、私が「跳びましょうか」と手を挙げました。親父さんを支えたい一心です。「よーい、スタート」でバイクを走らせます。波止場を疾走し踏み板から勢いよく跳び出しました。散乱するリンゴの上を跳び越えてドンと着地し「やった」と思った瞬間、ハンドルを制御できません。右横に倒れズズズーッと擦《こす》りました。ズボンが破れ噴き出した血を隠して、撮り直しに備えて衣装係に「着替えはありますか」と尋ねると、「あるある。心配するな」と応援してくれます。

監督に「もう一回やらせてください」と志願すると、古澤監督は「もういい、怖い怖い。フィルムをつなげば何とかなる」と一回でOKです。親父さんが倒れたバイクを起こしながら「痛、たたた……」とつぶやき走り去っていくのです。見事な編集でした。試写室で監督は「小松はすごいなあ」と言ってくださいました。

その後、古澤監督が親父さんの映画を撮るときはいつも「よーい、小松はいるか？　小松ーっ」「は、はーい、ここにおりますけど」「小松はいるな、いればよし。スタート！」が口癖になりました。

サヨナラサヨナラ

一九六七（昭和四十二）年、クレージーキャッツが大阪・梅田コマ劇場で一ヵ月間公演した際、苦心の末に私の十八番の芸がひねり出されました。

二千人収容の劇場は、クレージーの人気絶頂のころで超満員でした。通路にも観客があふれドアが閉まらず舞台を暗転できません。リーダーのハナ肇さんが「小松、一部と二部の間の五分間を一人でつなげ」と言います。

よし、チャンス到来と気合が入りました。

初めは歌手のまねをしてずっこけたり、当時流行したキックボクシング風にパンツ一枚で踊ってみましたが全く受けません。

シラーとした大観衆に見つめられる恐怖たるや……。

ハナさんは苦しげに「うーん、ダメか。幕を下ろして休憩にしようか」と言いましたが、私は「もう一回やらせてください」とお願いしました。

何かないかと考えているとき、以前からその独特の話し方が気になっていた映画評論家の淀川長治さんの顔が浮かびました。テレビで映画の解説をする淀川さんは関西弁です。「ここは大阪、これだ」とひらめきました。

翌日の舞台です。私はマイクの前に立ちました。いきなり「はい。またまた、お会いしました～」と口まねすると、クスクスッと笑いが起きました。

翌々日、小道具係に眼鏡を借り、大きな眉毛《まゆげ》を油性ペンで描いて舞台に出るとドッと沸きました。

十八番になった淀川長治さんのものまね

これはいけるぞ。

「クレージーキャッツのみなさん、元気いっぱいですね、ソー・ヤングですね。でも本当は○○歳なんですよ」

客席に大きな笑いが広がります。

次の日は、小道具係がテレビ画面の枠を用意してくれて「はい、皆さん、こんばんは」「後でまたお会いしましょう」。

受けるほど裏方さんも乗ってきて、眼鏡の上に大きな三角眉毛を作り、下からひもで引くとピクピク動くようにしてくれました。

もう登場するだけで爆笑の渦。「それでは、サヨナラ、サヨナラ、サヨナラ」でさらに大爆笑です。

ハナさんが「やりやがったな」と目を細めます。初めは受けずに青ざめていた私を、ハラハラしながら見守ってくれた裏方さんたちも泣いて喜んでくれました。

当たり芸

映画評論家の淀川長治さんのものまねが当たって、引っ張りだこになりました。あるテレビ番組で「はい、この眉毛《まゆげ》、ピクピク動きます。怖いですね〜。実は、手動式なんですよ」と笑わせた後、照れ隠しに「私、こればっかしですね」と締めました。

収録が終わり、親父《おやじ》さん（植木等）に呼ばれました。「おまえ、こればっかしなんて言ってはいけないよ。おまえが苦しみ抜いて生み出した立派な芸なんだから」と注意されました。ありがたかったですね。親父さんの言葉で少し自信が付きました。

いつも「淀川さん、怒っていらっしゃらないかな。あいさつしないといけない」と思っていました。バラエティー番組で共演の話がありましたが、淀川さんは映画の番組ならいいけれどバラエティーは出ませんとのことでした。忙しさにかまけているうちに時間がたちましたが、三十歳のころ、そのチャンスが突然来ました。

私は新幹線の中でウトウトしていました。夢か現《うつつ》か「あ、淀川さんが乗ってくる」とその姿が見え、あいさつしなくちゃと思っているうちに淀川さんは通り過ぎられました。その直後、後ろから肩をたたかれました。振り向くと「バー」と淀川さんが赤ちゃんにするようにおどけています。

「少しお話ししましょう」と隣に座られました。私が長年あいさつしなかった非礼をわびると、淀川さんは「いつも見てますよ。あなた、おいくつ？　ソー・ヤングですね」とおなじみのせりふです。すぐに女性マネージャーが来て席を移動されましたが、淀川さんは「はい、握手しましょう。またお会いしましょうね」とにこやかに去っていかれました。

淀長さんの芸は、しゃべり方や顔の表情をまねしながら、いろいろな話題を縦横無尽《じゅうおうむじん》に切って笑い飛ばすスタイルです。

『シャボン玉ホリデー』の構成作家で、親父さんのヒット曲の作詞家でもあった青島幸男さんが一九九五年の都知事選に出馬した際、私は淀川さんに扮《ふん》しました。「はい、またお会いしました〜。都知事選ですね。私が知事になったら何をしましょうか。まず、老人はみんな電車賃をただにしましょうね」とやったら、青島さん、当選しちゃいました。いえ、私の芸は当選に関係ありませんよ、あはは……。

「ぷっ」「ぷっ」

一九七〇（昭和四十五）年の「大阪万博」を機に時代は変わりました。何といっても悲しかったのは、六〇年代に圧倒的人気を誇っていた「ハナ肇とクレージーキャッツ」が下火になりつつあったことです。高度経済成長を支えた猛烈サラリーマンへのアンチテーゼとして、豪快でいい加減でお調子者を演じた親父《おやじ》さん（植木等）主演の映画日本一シリーズは『日本一のショック男』（七一年）が最後です。

歌もダンスもコントも一流だったバラエティー番組『シャボン玉ホリデー』も七二年で終わりました。『シャボン玉～』は七六年に半年間復活しますが、第一期のゴールデンタイムと違い深夜放送でした。

世代交代と言えばそれまでですが、クレージーはメンバー個人の芸能活動に移ります。お笑いではザ・ドリフターズやコント55号が人気を集めていました。私は歌謡ショーの司会や映画、テレビ、舞台、声が掛かれば何でもやっていました。

一九七二年から十年間続いたバラエティー番組『お笑いオンステージ』は、「てんぷくトリオ」の三波伸介さんが司会でよく呼んでもらいました。三波さんは正統派のコメディアンで知識も豊富でした。家族みんなで見られる「健康な笑い」を追求していましたが、今そんな笑いが少なくなったような気がします。

三波さんが座長で、由利徹さんや玉川良一さんらコメディアンが一堂に会した舞台が名古屋でありました。打ち上げで、私は一番若手なので「小松さん、何か歌ってよ」と誰かが言っても「先輩どうぞ」と遠慮していました。すると三波さんがマイクを握り「ぷっ、さっきから小松に歌をご所望のようですが、私が座長として歌わせます」と言いました。そこで生バンドの演奏で「人生の並木路」を歌いました。

再び三波さんが立ち上がり「大変なご声援ありがとうございます。ぷっ、しかしながら、小松は若くてもプロです。ただでは済みません。帽子を回しますからお心付けをどうぞ」と言うではありませんか。投げ銭が六万円も入りました。三波さんに「恐縮ですが、飲み代の足しにしてください」と渡そうとすると、「生意気言うんじゃねえよ。ぷっ」。本当にかわいがってもらいました。

ズンズンズン

テレビのバラエティー番組では、「てんぷくトリオ」の一員だった伊東四朗さんと私のコンビが、一九七五（昭和五十）年に始まった『笑って!笑って!!60分』、翌年スタートの『みごろ!たべごろ!笑いごろ!!』で弾《はじ》けます。「小松の親分さん」「電線音頭」「しらけ鳥音頭」「悪ガキ一家の鬼かあちゃん」などいろいろなキャラクターが次々に当たりました。

わずか五分間のコントでも、二人で三、四時間かけてひねり出し、ディレクターやプロデューサー、美術など裏方さんらに見せながら改良します。カメラマンが肩を揺《ゆ》すって笑いをこらえていれば、これでいけると思ったものです。

しかし、そこで満足せず、本番前に二人でトイレにこもってさらに一工夫し、リハーサルとは違う笑いを付け加えたこともありました。

伊東四朗さん（下）とギャグを連発

「小松の親分さん」は私の体験談から生まれました。バーでその筋の人に絡まれて怖い思いをしましたが、その人は奥さんの前では子どもみたいに弱々しくひょう変するのです。子分たちにはものすごく威圧的で恐ろしいのに、奥さんに対してはガラリと別人のようにナヨナヨしちゃうんです。一人の人間なのにその対比が面白いと思いました。

コントでは、子どもたちが遊んでいる公園に親分の私と子分の伊東さんが偉そうに現れますが、誰にも全く相手にされません。いじけた私が砂場でうじうじ一人遊びしていると、伊東さんが「ズンズンズン、小松の親分さん」と元気づけて二人で踊りだします。

「電線音頭」は桂三枝（現・文枝）さんが先にやっていましたが、それを派手に脚色して、伊東さんの頭髪を逆立てサーカス団長のような強烈な「ベンジャミン伊東」と、私が昔見た司会者を誇張してキンキラ衣装を着た「小松与太八左衛門」の二人組にして、周囲をもり立ててゲストをこたつの上で踊らせました。

アイデアが枯れ、打ち切り覚悟、ダメ元の捨て鉢でやったギャグが大当たりです。こたつが壊れるだの、子どもの教育に悪いだののテレビ局に抗議が殺到しました。

伊東さんは台本に忠実でまじめな性格、私は現場でせりふを覚えアレンジを加える性格です。二人の違いが化学反応を起こしたのかもしれません。親父《おやじ》さん（植木等）が後年、あるインタビュー本で「あのコンビは秀逸だね」とおっしゃったのを読み、認めてもらえたうれしさが込み上げました。

1　博多っ子の夢

PTA会長

小学校の入学式の思い出です。講堂に正座して校長先生の長い話を聞いて飽き飽きしていると、丸眼鏡にちょびひげのオジサンが舞台に上がりました。どこかで見たような……。

「それではPTA会長さんのお話です」と司会の先生。

「みなさーん、こんにちはー。はい、大きな声で、こ、ん、に、ち、はー」

PTA会長は妙にニコニコと愛想が良く、児童にこびています。隣の友だちが「あっ、雅臣《まさおみ》君のお父さんだ」と気づきました。私の本名は松崎雅臣、小松政夫は芸名です。確かにそのオジサンは外見上は父そっくりですが、いつも無口でムスッとしている父の表情とはまるで違います。しかし、ううっ……、あれはまぎれもなくうちの親父《おやじ》です。笑った顔を見たことがなかっただけにショックが大きすぎて、その時の父の話を鮮明に覚えているのです。

「昔、寒村に小学生のA君とB君がいました。A君はいつも朝ご飯を食べ、B君は寝ぼすけで朝ご飯を食べる時間がありません。

二人は毎日一緒に一時間歩いて登校しますが、寒い冬のある日、途中から大吹雪になり前に進めません。B君はうとうと寝始めました。A君は『眠るな、頑張れ』とB君のほっぺをたたきました。救助隊が向かうとA君は助かり、B君は死んでいました。

なぜだか分かりますか。A君は毎朝、ご飯とタマネギのみそ汁を食べていたから助かったのです。皆さんもタマネギのみそ汁をいただきましょう」

うーん、タマネギのみそ汁に特定したのはなぜだろう。父が栄養学の先生だったからでしょうか。

女学校の教師だった父と母

母は長崎出身で、若いころは女学校で行儀作法を教えていたそうです。父も女学校の教員でしたから、そこで出会ったのかもしれません。私は七人きょうだいの五番目ですから、生まれた時にはすでに母は先生を辞めて家事と子育てにてんてこ舞いでしたでしょうね。

まさに昔かたぎの九州女性で、風呂は男性が全員入った後に女性が入り、洗濯も男物を全部洗った後に女物を洗います。

きょうだいの中では私が一番活発で父にしょっちゅう怒られていたはずなのに、母は後年「父さんはマサ坊（私のことです）を一番かわいがっていた」と言いました。

釣り

母によると、父は私を七人きょうだいの中で最も外へ連れ出していたそうです。「よく二人で釣りに行ったでしょう」と母に言われ、幼いころを振り返ります。そう、確かに行きました。ただし、怖い思い出ばかりですが……。

河口近くの長い鉄橋の橋げたが父の釣りポイントでした。橋には砂利と線路があるだけで、手すりも何もありません。強い風がビュービューと吹いています。

父はゲートルと地下足袋をはき、釣り道具を持ってひょいひょい先へ進んで行きます。奈落の底のような川面が嫌でも見えます。私が「怖い、怖い」と腹ばいになって線路にしがみついていると、父は「こんな所も歩けないなんて、おまえはうちの子じゃない」と言って、どんどん離れていきます。

「はよこんかーい（早く来いよ）」と叫ばれても腰が抜けたように動けません。すると父が突然、びゅーっと全速力で戻ってきました。ものすごい形相です。「ああ、くらさるる（なぐられる）」と覚悟していたら、父は私をぱっと拾い上げて脇に抱え、近くの橋げたにぽーんと飛び降りました。

その上を間一髪で電車がギュワーンと走り抜けていくのです。線路に人がいても汽笛も

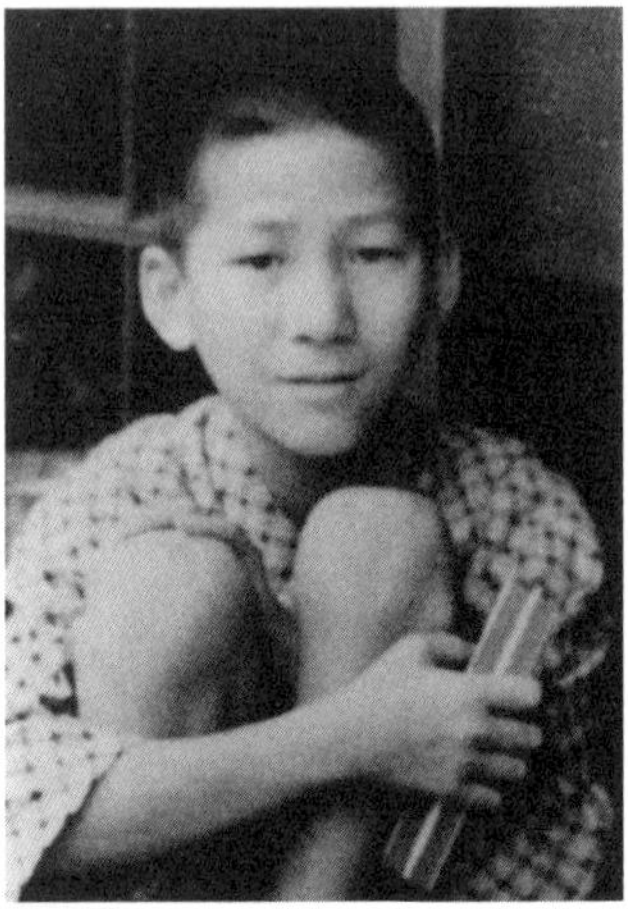

小学生のころ。美男子で評判だった？

鳴らさないような時代でした。父は震えながら「こん（この）バカが」と言いました。

別の日のことです。早朝、船でどこかの島へ釣りに行きました。島に近づくと、波がザボーンと来て船のへさきが上がった瞬間に岩へ飛び移ります。大人たちは波の動きに合わせてポンポン降りていきます。

さあ、私の番です。波が引いてへさきが下がり、岩が眼前にそそり立った瞬間になぜか飛びました。案の定、顔からガーンと岩にぶつかりました。あはは……。顔中血だらけです。くちびるは腫れ上がり、目は見えません。フジツボの殻でざっくり切ったのです。

船頭さんが「連れて帰りましょうか」と心配そうに言いました。普通の親ならもちろん

一緒に帰るでしょう。ところが父は「いい、こんなもの」と私の顔に海水をザバーン、ザバーンと掛けるんです。潮水だからしみることしみること。夕暮れに再び船が迎えに来るまで釣りました。

父はいつも先に私の仕掛けを作って、えさをつけてくれました。自分の準備をしている時に私のさおに当たりがきました。大きなクロダイです。「マサ坊、さおを立てろ」と叫んで、駆け寄ると「俺がさおを持つ。マサ坊はたも（網）で上がってきた魚をすくえ」と言いました。

ところが私が慌てて網を振り回し、ピーンと張った釣り糸に引っかけてブチッと切ってしまいました。あはは……。そりゃもう父になぐられましたね。家に帰ってその話をすると、母は「それでも父さんはね、おまえが一番かわいいと言ってたよ」だって。

野球観戦

父とは野球観戦にも行きました。あれは当時の西鉄ライオンズと毎日オリオンズの試合だったかな。英国紳士と言われた父です。ダブルのステッチが付いた英国製のオーバーを着て、縁なし眼鏡にちょびひげを生やし、スパッツの靴を履いて、切符売り場で「内野席、バックネット」と言いました。

売り場の男性が「今ごろ来てもありませんよ」と素っ気なく応じます。父が「どこの席が空いているんだ」と尋ねると、男性は「外野席ならあります」。父が「外野席か、しょうがないな」とつぶやくと、男性は「ないものはないんだから、しょうがないでしょ」と言い返しました。

すると父が切れました。「若造がぐずぐず言うんじゃない、口答えするな」と、いつものように怒るわけです。

終戦間もない時で今みたいな立派な球場ではなく、内野も外野も芝生席です。仕切りは高さ三メートルほどの金網でした。外野席に行くと、内野席が結構空いています。父は、「何だ、空いてるじゃないか。マサ坊、あっちへ行くぞ。金網を上がれ」と言いました。小学二年生か三年生の私には三メートルの金網は結構高いんです。「上がれ、上がれ」と押し上げられて、ちょうど一番上をまたいでいるところで、監視員が来ました。

兄や姉と記念写真。著者は前列左で、この後、妹と弟が誕生する

「何しているんですか」ととがめられた父は「おい、貴様、切符売り場で内野席は満員と言われて、泣く泣く外野席へ来たら、内野席がこんなに空いてるじゃないか。おまえ、どうするんだ。試合を見ているのか。西鉄が負けているじゃないか。おま

えは西鉄ファンか、毎日ファンか、しっかりせんかー（しっかりしなさい）」と怒鳴りました。

私は金網のてっぺんで「怖いよ、怖いよ。けんかしないでよ」と泣いていました。監視員は父のけんまくに押されて「ど、どうぞお気をつけて」。

幼少期の最も古い記憶は防空壕《ぼうくうごう》での出来事です。終戦を迎えた三歳までに起きたことでしょうね。私は防空壕に入る列の先頭にいました。入り口が狭いので両手を地面について進みますが、奥が真っ暗で怖いんです。父が後ろから「入らんか（入りなさい）」と促します。

でも、怖いだけではありません。薄暗い入り口の中央に、少し乾いた感じで人間のうんこがあります。うーん、前に進めないよーっ。「はよせんか（早く行きなさい）」。父に何度しかられても、手も足も出ませんでした。

ヒヨコ

博多三大祭りの一つ、筥崎宮《はこざきぐう》の放生会《ほうじょうや》は見せ物小屋や屋台がずらーっと約五百軒も並びます。日が落ちると盛大な夜市になります。

「ヘビ女」の小屋もあったなあ。小屋の前で、だみ声のオヤジが「はいはい、見ていってちょうだい。親の因果が子に報い、ああ、かわいそうなのはこの子でございます。ある山中で育ったこの彼女、食べるものがなくてヘビを捕って食べていました。そしてとうとうヘビ娘と言われる女になりました。ヘビ娘のヤオちゃんです。はい、ヤオちゃん、ちょっと顔を見せようか」と言うと、小屋の入り口の幕をちらりと開けて和装の女性の後ろ姿が見えます。

すぐに幕を閉じて、オヤジが「後は中に入って見てちょうだい」。お金を払って中に入ると、その女性が十センチくらいのうどんのような〝ヘビ〟を食べるだけなんです。あはは……。

　その放生会に子どものころ、珍しく父と母と一緒に行ったんですよ。そしたら青やピンクに着色されたヒヨコが売られていました。「買って、買って」とせがむと、父は「これはみんなオスで、オスは使いものにならないから捨てるのを売っているだけだ。それに、すぐに死ぬから駄目だ」と言いました。でもねだってねだって、一羽五円だったかな、五羽買ってもらいました。

　段ボール箱に綿を敷き、電球を入れてピヨピヨ鳴くのを夜遅くまで眺めていましたが、父は「そんなことしても朝になったら駄目になるから放っておけ」と言いました。翌朝、母が「マサ坊さーん、ヒヨコさんたちはみんなお亡くなりになりんしゃったよ」と起こしにきました。跳び起きて、慌てて段ボール箱をのぞくと、みんな倒れていました。「わーん」と泣いたら、なんと、一匹だけすっくと立ち上がったのです。これがね、メスだったんですよ。

　部屋で放し飼いにしたら、どんどん大きくなって、砂場を作って排便するようにしつけました。「シルバー船長」と名付け、名前を呼ぶとトトトッと駆けてきて私の肩にぴょーんと飛び乗るんです。そのうち毎日一個、卵を産むようになりました。私は子どもながらどこかにオスがいて交わっているのかなと不思議に思っていましたが、無精卵ですよね。

ところがある日、学校から帰ると母が「今夜は鍋だよ」と言うんです。かしわ鍋ですよ。もう「あああぁーん」と泣きながら食べちゃいました。絞めたのは食糧難が理由ではなく、父の気まぐれだったようです。

ニワトリの古い思い出もあります。戦後、母と一緒に佐賀県の農村へ買い出しに行きました。裕福な家でしたが米はなかったですからね。その帰りだったかな、稲刈りが終わった田んぼに丸々と太ったニワトリが一羽います。周囲は林で誰もいません。もんぺ姿の母はそっと近づき、追いかけっこが始まりました。私はじっと見ていました。

母は七転八倒、泥だらけになって手足を擦りむきながら必死で追い掛け、疲れ果てたニワトリをついに捕まえてリュックに押し込みました。子ども心ながら「執念深いな」と思ったことを覚えています。

母は私に「盗みじゃないよ」と言って、口癖の「よいね、よいね」を繰り返しています。その時の母の「よいね」の響きが耳に残り、ずいぶん後に「ヨイネ、クライネ、ナハトムジーク」というギャグにさせてもらいました。

愛犬ラッキー

子どものころはメジロ捕りの名人と言われ、家で鳥かごに七羽入れて飼っていました。小さなすり鉢で米ぬかや野菜をすりつぶすエサ作りはつらかったな。でも、かごの入り口を開けっ放しにしても、夕方にはみんな帰ってくるほど懐《なつ》いていました。当時、わが家には雑種犬のラッキーがいました。おとなしくて、何でも言うことを聞くいい犬でした。

ある日、父の友人が佐賀県唐津市からバイクでやってきました。荷台の段ボール箱に三毛猫が乗っていました。触ったりして遊んでいるうちに、どうしてもその猫がほしくなって、泣いて頼んで、なんとラッキーと交換してもらいました。ラッキーはバイクの後ろに乗せられて、寂しそうな顔をしてわが家を去っていきました。

しばらく三毛猫との遊びに夢中でしたが、夜な夜なメジロが一羽ずついなくなる事件が起きました。襲われた形跡もあります。四羽まで消えた時に、夜起きて見張っていたらついに犯人を取り押さえました。五羽目のかごを襲おうとしていたのはまさしく三毛猫でした。どんなに怒ったことでしょう。

ただ、十一歳上の長姉がちょうど嫁いでいく時でした。彼女が当時「猫がほしい」と言っていたのを思い出し、その三毛猫を結婚祝いにあげることにしました。長姉はとても喜んでいましたが、私の怒りはどれほど大きかったことでしょうか。

それから一、二ヵ月したころ、近所のおばさんがうちに来て「ラッキーがバス停の前で死んでるよ」と言いました。私は驚いて百メートルほど離れたバス停まで走ると、道路で車にひかれて絶命したラッキーがバス停の横に片付けられていました。もう悲しくて悲しくて、ラッキーを抱えて泣きながら家に帰り、近くの空き地に埋めました。博多の総鎮《そうちん》守《じゅ》・櫛《くし》田《だ》神社に埋めたかったけれど、そういうわけにいきません。

唐津から博多まで六十キロはあります。その道沿いに匂いでも付いていたのでしょうか、それをかぎながらテクテクと歩いて帰ってきたのでしょうか。かわいそうで、かわいそうで。あのおとなしいラッキーが見る影もなくやせ細っていたのです。悔しくて、申し訳なくて、「ごめんね、ラッキー」と何度も謝りました。あの三毛猫は、もう名前すら覚えていません。

香具師《やし》の口上《こうじょう》

自宅に近いのは冷泉小学校でしたが、なぜか路面電車に乗って三十分以上離れた草ケ江小学校へ通いました。

以前話したように、父がその小学校のPTA会長をしていたからです。今は博多も、中心部で児童数が減るドーナツ現象のため冷泉小は統廃合されてなくなり、草ケ江小は残っています。

低学年の一番古い思い出です。自宅近くに渕上呉服店がありました。法被に鉢巻き姿の店員たちが反物を山ほど積んで「ひとーつ、ふたーつ」と物差しで計ってハサミでシャーッと切り、切った布地を手際よく包んで客に渡すのを、飽きもせず眺めていました。

店に宣伝カーが導入され、私は運転手さんに頼み込んで乗せてもらいました。助手席の女性店員にせりふを教えてもらい「こちら渕上呉服店でございます。みなさまおそろいでお越しください」と拡声器で呼び掛けて回りました。生まれながらにおしゃべり好きだったのかな。風船を膨らませて窓から道行く人に手渡したりして、みなさんにかわいがられましたね。

私の芸の原点は、櫛田神社の近く、つまり自宅前の空き地で繰り広げられていた香具師の口上です。

戦後、いろいろな物売りが集まって来て、それはもう毎日にぎやかでした。バナナのたたき売り、ヘビの薬売り、万年筆の泣き売《ばい》など、彼らの口上がリズミカルで楽しかったんです。自宅二階から見下ろしてすっかり覚えました。

例えば毛布売りはこうです。

「ばあちゃん、そこにじーっと座っとるだけではぬくうならんとよ（温かくならないよ）。これはブランケットたい。

ブランケットは毛布のことたい。インドはカシミール地方でとれた羊毛の最高級品ばい。カシミアたい、これば着て寝てんなや（寝てごらん）。あんた、ホカホカして、もう一人子どものできるごとよ（子どもができるかもよ）」

流れるような口上です。

「五百円でよかよ。カシミアば五百円で買えるところのあるなら言うてみな。あんた、考えることなかろうもん（考える必要はない）。

色がいいやろ。赤と黒。『赤と黒』と言えばスタンダールよ。この毛布屋がスタンダールば知っとって、あんた知らんやろ。このオジサンはトーダイ出とるよ。トーダイと言うと、あんた、すぐ観音崎灯台と思うやろ、それじゃなかよ。赤と黒、どっちにする？　え、色が気にくわんな（気に入らないの）？　いいとて、寝る時はみんな目をつぶるちゃけん、色なんか見よらん（見ていない）」

どうです、面白いでしょう。

泣き売《ばい》

子どものころ見て覚えた「泣き売」も香具師の口上の一つですが、これも二〇一八年四月の博多公演でやりました。

学生が舞台にしゃがんで、両手で顔を覆い泣いています。通りかかった男が近づきます。「あんた、どげんしたとな（どうしたのかな）？」と尋ねますが、学生は何も言わずただ泣いています。男が「みなさーん」と辺りを見回して「泣きよーよ（泣いてるよ）。理由ば聞いてみよか」とおせっかいなこと。耳を学生の口もとに近づけて「何、小倉？　小倉から博多に来たとね。がしゃがしゃ泣きよるな。アルバイトで、万年筆会社に来とったしかですばい」と周囲に学生の状況を知らせながら、手招きして人を集めます。

「そいで、どげんしたって（どうしたの）？　会社が……火事で燃えたけん……、退職金代わりに……万年筆ば……支給された……とね」と同情を誘うような声色です。

「何本もろうたと（もらったの）？　え？　三十本」。そして周囲に向かって「三十本もろたらしいですばい」。学生は泣くばかりでひと言も発しません。男が再び近づいて「小倉に帰る……汽車賃のないけん（ないから）……、これば……みんなで買（こ）うちゃらんか（買ってくれないか）……」と学生の代弁です。そこで疑問を呈します。「ばってん、火事で燃えたなら使えんごとなっとらんとね（使えないようになったのでは）？」

男は学生のかばんから万年筆を一本取り出して日にかざしながら「これは、割ときれいかね。え？　十……、十八金てか？　そぎゃん高価なものは買い切らんもんね」と引き下がるかに見せて、「定価はいくらね？　ほう、六千五百円。でも……汽車賃がほしいから……、な、なんと、百八十円でよかてか（いいのか）？」と驚きます。

そして周囲を見回しながら「みなさん、定価六千五百円の万年筆を百八十円でいいと言いよりますばい。うん、あんたは三本買うとな、俺は五本買おうか。そっちは？　そう、十本買うね。よーし、俺がまとめちゃろう」。

これを「泣き売」と言います。子どものころ、この学生を追いかけて見たら、学生服を着た五十すぎのおじさんでした。そして、一人でしゃべっていた男とお金を分け合っていました。いわゆるサクラですね。物事には裏があることを、子どもながらに知りました。

博多にわか

物売りの口上だけでなく「博多にわか」や浪曲も子どもの時から実際に見て聞いて覚え、私の芸の原点になっています。

博多にわかとは、博多弁でしゃべってオチをつける話芸です。宴会芸の一種で、ユーモアを交えた言葉遊びは、客席からお題を募《つの》るなどいろいろなパターンがあります。博多どんたくや祇園山笠《ぎおんやまがさ》など祭り時分には、櫛田神社や商店街の特設舞台で旦那衆が興じていました。目と眉《まゆ》のひょうきんな半面をつけてやります。

私の好きなのはお題が「警察官」。演者は「警察官ね。はい、じゃあ、お囃子《はやし》をお願いします」と言って、自分一人で口三味線《くちじゃみせん》や口太鼓《くちだいこ》で「タンタン、ジャジャジャン、タラタラ、ジャーン」と奏でながらオチを考え、一人二役で言います。「おいおい、そこの兄ちゃん、そげなとこで（そんな所で）立ち小便したらいけんやもん（いけないよ）」「巡査さん、すいまっしぇん（ごめんなさい）。またからしません」。「またから」は「股から」と「二度と」を掛けています。

「清水次郎長」も好きだったな。全部一人でしゃべります。「タラララタンタン、ジャーン」「絵描きさんなもーし、清水次郎長の絵はいつ描いちゃらっしゃるとですな（いつ描くのですか）？」「きょうかく」。これは「侠客《きょうかく》（男気のある渡世人）」と「今日描く」の掛け言葉です。こんなのもあった。「こらこら、子どもが木に登って果物ばとりようごたるばってんが（とっているみたいだが）、危なかろうもん（危ないだろう）。下は池ばい。落ちたらどうするとな？」「あ、ほら、落ちた。ザボーン」。ザボンという果物です。

浪曲は、家にあった広沢虎造のレコード全集十二枚組のうち二枚しか残っていませんでしたが覚えました。「年は若いが、大したものよ。おいの玉屋の玉吉は……」と次郎長と玉屋の玉吉の物語です。小学校の先生から宴会のたびに呼び出されて披露させられました。

私がうなっていると、酒に酔った先生が「いよっ、ペペン、ペンペンペン」と口三味線を入れて、ほかの先生に「黙っときない（黙れ）、マサ坊をちゃんと聞かんかい（聞け）」と怒られて、けんかしていましたね。先生たちの宴会で小学生が芸をするなんて、今の時代には考えられない光景ですよね。

2足す3は

小学生のころの成績は良くありませんでした。図画工作だけは5段階評価の「5」でしたが、算数は「2」とかでしたね。そのころ久保シマ先生がよく口にした言葉が、後に私のギャグの一つになりました。

先生が私に「はい、雅臣君、2足す3はいくつかな?」と質問します。私が「4でーす」と答えると、先生は「あれれ、なーぜかしら、なぜかしら」と首をかしげながら、胸の前で両手を交差させて歌うように言いました。「ニンドスハッカッカ、まあヒジリキホッキョッキョ」

あのころも、そしていまだに言葉の意味は分かりませんが、リズミカルでテンポ良く、気になってずっと耳に残っていました。そして「ニンドスハッカッカ、まあヒジリキホッキョッキョ。飛ーべ飛べ飛べガッチャマン、ガーッチャマンに負けるな負けるなガッチャマン」というはやり言葉に仕立てました。当時、クレージーキャッツの谷啓さんが「音楽的に優れたフレーズだ」とほめ、歌手のジェリー藤尾さんも絶賛してくれました。久保先生は私の成績を上げようとおまじないをかけたのかもしれません。

後年、私が付き人兼運転手をした親父《おやじ》さん（植木等）に言われました。「おまえは人の細かいところをよく見ているね。いいことだ」。子どものころ空き地で繰り広げられる香具師《やし》の口上《こうじょう》や話芸を覚えたのも、大人になって職場や酒場で出会った人たちの口癖やしぐさを特徴付けてネタにしたのも、すべて人間観察が基になっています。

小学生のころの思い出といえば、神社の子ども会会長をやりました。もう時効だから話しますが、正月に破魔矢《はまや》やおみくじ売りを手伝った後、社務所の打ち上げで世話係の大人が大杯に酒を注ぎました。私がそれをパーッと飲み、ぐでんぐでんになって家に帰ると、厳しい父が「子どものくせに酒を飲んだな」と怒りました。

父は一滴も飲めなかったのです。そりゃもう、たたかれましたね。ただ、痛くもかゆくもないんです。酔っているので天井がぐるぐる回り、怒った父の顔が近づいたり遠のいたり。振り返れば、それが私の飲んべえ人生の始まりでしょうか。

ムッチン

中学は中洲の外れにある博多第二中学校でした。いまは第一中学校と統合されて博多中学校になりましたが、当時の二中は校長先生が面白くて、釣り大会をやったり、雪の日は「雪中行軍」と称して十キロほど離れた油山に上ったり、博多祇園山笠など祭りのヤマ場には休校になるなど、自由な雰囲気が大好きでした。

「スペシャル・ホームルーム」の日は支度金《したくきん》が出てカレーライスを作ったり、謝恩会の日には演芸大会をやったりしました。小学生のときから自宅などで『マサ坊演芸会』を催していた私の出番です。出し物からプログラム作りまで任され、ラジオ番組の『漫才学校』や映画の『二等兵物語』を脚色し、できるだけクラス全員が出演できるコントに仕立てて、毎回優勝していました。

今、博多に帰ると、中学生のころ友だちと遊んだ那珂《なか》川と博多川が分岐する清流公園を見下ろすホテルに泊まります。窓から眺める景色は随分変わりましたが、思い出は次々によみがえってきます。

同級生の毛利征彦君は金魚すくいの名人でした。十円で百匹も捕るんですからね。彼や仲間と一緒に、那珂川に架かる路面電車の橋の上から飛び込む肝試しをしました。高さが結構あります。電車がチンチン走ってきて、橋の上にいる私たちに気づいてブレーキをかけます。そのときに飛び込みますが、乗客たちがやんやの歓声を上げるような、のんびりした時代でしたね。

私たちは当時へこ一枚、今で言うTバックのようなふんどし姿でしたが、飛び込めば脱げてしまいます。毛利君はそれが面倒くさいのか、最初から博多弁でいうムッチン、つまりへこを外した振りチンでした。私たちは飽きもせず飛び込んでは泳いで川岸に上がり、また飛び込みます。大人になっても仲良かった毛利君は二〇一七年の秋に亡くなりました。

中学一年生のとき、友だちは家計を助けるために新聞配達をしていました。うちはまだ裕福だった時で、父が「やらなくていい」と言うのに、私はやりたくて配達を始めました。そして新聞を脇に抱えて路地から表通りに飛び出したところ、自転車が走ってきてぶつかったのです。

英語暗唱大会

中学一年生のときに新聞配達を始めてすぐ、私は路地から表通りに飛び出して自転車にはねられ、左足首の開放骨折で四ヵ月間入院しました。体の成長期にギプスをはめたため、足のサイズは今でも右は二十四・五センチなのに、左は二十四センチで違うのです。

クラスでは女子ソフトボールの監督をして校内大会で優勝したり、演芸大会でもお笑いコントで優勝に導くなど目立っていたので、入院中は女子生徒が大勢見舞いに来てくれました。その中に初恋の人もいて、みんなに冷やかされました。後年、彼女があるテレビ番組に「私の初恋の人」として出演してくれましたよ。でも手もつながない、デートもしないプラトニックな初恋でした。

東京から英語の先生が着任しました。赤いフォックス眼鏡を掛けた、若くてあか抜けた美人の上野盟子先生です。級長が「スタンダップ」と言うと、みんな立ち上がって「グッモーニング・ティーチャー」と声をそろえるのが、もう恥ずかしくて恥ずかしくて。

当時、博多もんは東京や大阪もんを「なよなよしやがって」と小ばかにしていました。上野先生もなよなよした男の先生と付き合っていたので、私は授業中いつも悪ふざけばかりしていました。ところがある時、上野先生が「今日は自習です」と怒って出て行きました。私たちは「やったー、自習だ、自習だ」と騒いでいると、事務職員が入って来て「松崎君、職員室へ来なさい」と出頭を命じました。

職員室から校庭に出る日当たりの良い外階段に、上野先生と並んで座りました。先生は「松崎君は今日はどうかしてたのよね。あんなことする子じゃないよね」と言うと、突然、大声を上げて泣き始めました。「先生は、あなたが一番好きな生徒なのに……」「何かの間違いよね」。私もつられて「ううっ……」と泣きました。そしてなぜか二人で「頑張ろうね」と手を握り合っていました。

それからがぜん、英語を頑張る気になって、校内英語暗唱大会で優勝しました。今でもその時のフレーズを覚えていますよ。「ゼアラー・フォー・シーズンズ・イン・ジ・イヤー……」

魚捕り名人

中学生のころ、博多・中洲の河口近くにある清流公園の川岸で、いつも魚を捕っている同級生の男子がいました。学校には週に二日ほどしか来ません。肌の色が真っ黒でランニングシャツと短パン姿です。自転車のスポークをとがらせた手製のもりでアユやボラ、ハゼ、セイゴを突いてかごいっぱい捕っていました。川には竹と石を積み上げたヤナを作り、ウナギ漁もしていました。村中次男君です。

後で知りましたが、家計を助けるため働かなければならなかったそうです。子どもの手伝いの域を超えて漁師そのものでした。学校に来ても昼食の時間になると風のようにいなくなります。授業が再開すると戻って来ました。あるとき、教室で女子たちがキャーキャー騒いでいました。机の上を三十センチはあるオオムカデがはい回っています。男子もわーわー言いながら棒でつつくだけです。すると村中君がすっと机に寄って素手でムカデを捕まえ、おにぎりのように丸めてつぶしました。みんなが「おおーっ」と感嘆の声を上げると、村中君はポッと顔を赤らめていなくなりました。

私は彼のことが気になって、清流公園の川岸に友人たちと行きました。三月でしたが、相変わらずランニングシャツ一枚です。「おーい、村中君、さむーないと（寒くないの）？」と尋ねると、「いっちょん（ちっとも）」と村中君。「今度みんなで香椎花園《かしいかえん》に行かんね（行こうよ）」と誘っても「行かん（行かない）」と断ります。そこで「うちの母ちゃんが弁当を作るけん（から）一緒に食べに行かんね」ともう一度聞きました。すると村中君は「行こうか」と言いました。

花園に行くと、いい枝ぶりの木があったので、みんなで枝を折ってチャンバラ大会をしました。ところがその木はハゼノキだったのです。全員かぶれて四十度の高熱を出し、学校を一週間休みました。私は親戚が清流公園の対岸で内科医をしていたので注射を打ってもらいに行きました。村中君も当然寝込んでいるだろうと思いつつ、病院の窓から川岸を見ると、いつものランニングに短パン姿の村中君がもりで魚を突いて走り回っていました。本当に驚きました。

恩師

博多二中の田中薫先生は当時、二十代後半の体育の男性教師ですが、あだ名はギャングでした。補導担当で本当に怖い先生でしたね。校区の繁華街・中洲には映画館が三十軒近くもあり、映画好きだった私は中間、期末試験というと午前中に終わるので「今日は映画を何本見ようかな」とワクワクしたものです。でも田中先生に映画館の入り口や館内でよく捕まりました。

私にとってストリップ「川丈劇場《かわじょう》」は喜劇の聖地でした。昔は舞台の合間に喜劇役者がコントをしていました。伴淳三郎さんたちが全国を巡業していたんです。女性の裸に関心はありましたが、それよりもそのコントを見たくて、学生服の詰め襟を裏返して背広のようにして入りました。自分では大人の格好のつもりでしたが、誰が見ても丸刈りに変な服装です。やっぱり川丈劇場でも田中先生につまみ出されました。

そして叱られますが、野球バットを数本並べてその上に正座させられ、そこに田中先生が乗っかるなんてのもありました。チョークの刑は、水に漬けたチョークで坊主頭の前から後ろへ線をギューッと数回引くんです。頭を洗っても三、四日は白線が消えませんでしたね。思い出すだけでも、おー、こわ（怖）です。

いつも私たちに目を光らせている、厳しくて怖すぎる先生でしたが、私が交通事故で足を骨折して入院し、四ヵ月ぶりに松葉づえで校門から入って行くと、校庭をダーッと走ってきて私を抱き締めてくれたのは田中先生です。そして「おー、治ったのか？　良かった、良かった。足を見せろ。無理せんで（しないで）養生しろよ」と優しく声を掛けてくれる心温かい先生でもありました。

芸能界で独り立ちすると、私の所属事務所の福岡支店によく顔を出して「小松はいつ帰って来るとや（来るのか）」と日程を聞き出し、必ず福岡空港に出迎えに来てくれました。授業をやっているはずの時間にも現れるので「先生、こんな時間にいいんですか？　授業はどうしたとですか？」と尋ねると、「自習させとる」だって。

中洲の飲食店の多くは生徒の親がやっているので、仕事が終わると田中先生の案内ではしご酒です。先生は一滴も飲みません。キャバレーやクラブに行くと「小松政夫が来とるけん、よか女ば連れて来んか（来なさい）」と教え子の店長やボーイに注文します。

私がその女性と仲良くなると「はい、ここまで」と引き離して、宿泊先のホテルまで私を送り届け、部屋にも入って来て私の背広をハンガーに掛け、ベッドに横になった私に掛け布団をかぶせて、まるで子ども扱いです。先生は「もう寝なさい。明朝、出勤前に一緒に朝飯を食べよう」と言って、部屋の電気を消して帰るのです。

「田中先生、もっと飲みたいので、私の世話はもうよかです（結構です）」とはなかなか言えませんでした。その恩師も亡くなられて、寂しくなりました。

めんたいこ

これも小中学校の同級生の思い出です。本人が病気で亡くなったので話しますね。

私が四十歳のころ、博多で仕事を終えて飲んでいると、店の奥から「おーい、松崎」と声がしました。私の本名を知っている、誰かなと思いながら振り返ると、その筋の人たちの中心に懐かしい顔がありました。

「あっ、Fじゃないか」と呼び捨てにすると、彼を囲んでいた若い衆たちが色めき立ったので「F君じゃないか、やあ元気かい」と慌てて言い直しました。

小学生のころは彼の家に泊まったり、彼の高校生のお姉さんと三人でゲイリー・クーパー主演の映画『真昼の決闘』を見に行くほど仲良しでした。

F君は「久しぶりだな、飲もう」とうれしそうです。私のマネージャーが「すみません。明日の撮影開始が早いので帰りたいのですが……」とやんわり断ると、「じゃあ、明日仕事が早く終わったら飲もう」とF君はどうしても私と旧交を温めたがっています。

そこで私は「分かった。でも若い衆をゾロゾロ連れて来るのはやめてよ」と注文しました。

そして翌日。約束の時間になってもF君は現れません。家に電話すると、若い衆が出て「今、親分は服を選んでいます。小松さんにちゃらちゃらした派手な服はやめてと言われたので、えらい苦労しています。すんません。もう少し待っていただけますか」。

しばらくしてF君は一人で来ましたが、真っ白のスーツに真っ赤なネクタイ、目の病気で眼帯姿です。ずっこけましたね。

二人で店に入ると、わいわいにぎやかだったお客さんたちが一瞬にしてしーんと静まり返ります。しかも店の隅に目を凝らすと、若い衆が一人、二人ひっそり立っていました。

懐かしい話を堪能して別れ際、「明日は何時に帰るのか」と聞かれましたが、見送りは断りました。

翌朝、空港に行くと「東京の小松さま、チェックインカウンターへどうぞ」と放送が流れています。若い衆が一人、両手に抱えきれないほどの博多めんたいこを持って立っていました。

「こんなにたくさんもらっても、どうしたらいいの」と困惑しながら「F君は昨夜相当飲んだからまだ寝てるだろうね」と尋ねると、「いえ、あそこにいます」。

F君は柱の陰に身を隠し、顔を半分だけ出して小さく手を振っていました。一般の人たちが大勢行き交う空港で、彼なりに気を使ってくれたのです。

応援団長

定時制高校に入って、私は家族の生活費を稼ぐために日中は働かねばなりませんでした。「石村萬盛堂《まんせいどう》」さんに住み込みでお世話になる前、中学の先生にある薬局を紹介されました。今考えるとずるい商売なんです。

その薬局が作るビタミン酵素を持って家々を回り、「父が亡くなって夜間学校に行くのでこれを定期購入してください」と訪問販売するのです。

しかも薬局のオヤジは「君の中学時代の友だちの家を回れば絶対取ってくれる」と言うのです。確かに六十人の同級生宅のうち四十軒が取ってくれました。私の初恋の相手の家は三本もです。ただ、毎日そのいかがわしい瓶を配達する仕事は嫌でした。薬局を紹介した先生は国語の先生でしたが、私の本名雅臣《まさおみ》を「まさのり」と間違えて呼ぶのです。「君は役者に向いている」と言ってくれたのはありがたかったですけれど。

高校では剣道部と応援団に入り、応援団長もしました。昔のことですから大目に見てほしいのですが、剣道部の伝統と称して、新聞紙で作ったじょうごを口にくわえ酒をドボドボ注がれました。

後に親父《おやじ》さん（植木等）の付き人兼運転手になったとき、親父さんがたばこを吸おうとすると、さっとマッチを擦って腕を軽く回して硫黄のにおいを消してから火を付けました。「お前はしゃれたことを知ってるな」とほめられましたが、応援団の厳しいしつけが大人になって役立ちました。

あるとき、中洲の清流公園で友だちと遊んでいると、女子高生二人がやってきました。私が「どこの学校ね？」「かわいかね」と声をかけると、まんざらでもなさそうでしたが、パトカーが来ました。警官が私たちと女子高生を「はい、こっち」「あんたらはあっち」と男女別に尋問を始めました。

警官に「女の子を誘惑しとったろ（しただろ）？」と尋問されましたが、私は「どっから来たとね、と聞いただけですよ」と答えました。ところが、その女子高生たちは「そうなんです。私たち誘惑されていました」と言うんですよ。今でも博多に里帰りしてホテルの窓からその公園を見下ろすと、パトカーの一件を懐かしく思い出します。

ラブレター

高校生のころ、ある女子生徒にラブレターを書きました。初めての恋文です。いつもはワイワイとみんなで同じ方向に帰りますが、ちょうど二人きりになったので「これ、読んでくれんね（読んでほしい）」と手渡しました。彼女が「何これ？」と尋ねるので、「オレの気持ちが書いてある」と言いました。

すると「いや、手紙は受け取れない」と言うのです。「なぜ？」と問い返したら、彼女は「手紙というものは、熟考して、考えて考えて、足したり削ったり、削ったり足したりして、うまいこと書けるでしょ。本心ではないことが書いてあるから、そういうものは私、好かん（嫌い）」だって。私は「ああ、そうかい」と言ってその恋文をビリビリッと破り、パーッと捨てて帰りました。

後日、その女子と学校の廊下ですれ違った時、私は無視しましたが、彼女は小さな紙切れを私の手に押しつけたのです。開いて見たら「今度の日曜日に動物園へ行きましょう」と書いてありました。ふざけるな、と思って行きませんでした。いまだに覚えている青春の一ページです。

ただし、この女子が私の初恋の人ではありません。私は県立福岡高校の定時制でしたが、初恋の人は中学の同級生で、福岡高校の本科卒業生です。彼女が「小松政夫を本科卒業扱いにしよう」と奔走してくれて、そのようになりました。本科卒業生たちが「OB、OGは多いほうがいいからね」と認めてくれたそうで、ありがたいことです。

二〇一八年（平成三十）四月、私が子どものころやっていた『マサ坊演芸会』を博多で六十数年ぶりに再演した時も、幼なじみや小中高校の同級生たち、もちろん初恋の人も手弁当でお客さんを五百人も集めてくれました。

東京に住んでいる私を、今でも地元の「のぼせもん（熱中男）」扱いしてくれて、毎年七月の博多祇園山笠にも出られるように尽力してくれます。懐かしい顔、顔、顔に囲まれて山笠をどっぷり堪能するのが、すっかり習わしになりました。博多っ子はみんな思いが熱いですね。

役者の夢

和菓子老舗「石村萬盛堂」さんに住み込みで働きながら定時制高校に通いました。和菓子が有名な店でしたが、ショートケーキなど洋菓子を扱う洋生《ようなま》部もありました。若かったから洋菓子が好きでしたね。ケーキを作る時、台のスポンジの端っこが余ります。バターがいっぱい付いたその切れ端を、従業員がいない昼休みにガツガツ食べました。

ある日、洋生部の怖いおじさん、風間さんがひょっこり入ってきました。私は驚いて切れ端をのみ込み、とっさにテーブルの上にあったクリームの絞り器をつかんで、スポンジの上に何でもいいやと開き直って絞り始めました。

風間さんに「何やってんだ」と聞かれ、「ちょっと興味があるもんですから、練習を」とごまかしました。

すると風間さんは「これ、おまえが絞ったのか」とまた尋ねます。実はバラの花のペー

石村萬盛堂の社長夫妻や従業員のみなさんと

パーが広げてあったので、見よう見まねで花の形に絞ったのです。

「本当におまえがやったのか」とけげんそうな風間さんに、私は「すみません、申し訳ありません」と謝りました。

ところが「よし、明日から配達をやめて洋生部に入れ」と転部を命じられました。

後に上京して職を転々としましたが、横浜のケーキ屋で職人に「筋がいいね」とほめられたのは萬盛堂さんのおかげです。

高校二年生のころ、同級生の母親がRKB毎日放送の放送劇団員と知り、その同級生宅を訪ねました。「将来、役者になりたいのですが」と相談すると、その母親は劇団の研究生になれるように手配してくれました。高校卒業まで劇団に通って、博多弁の矯正をやらされました。アクセントを徹底的に直されましたね。

私の母に「オレは子どもの時から役者になりたいとか言いよった（言ってた）かな？」と聞くと、「そういえば、通信簿に『将来、何になりたいかと尋ねたら、お宅の息子は俳優になりたいと答えた。誠に思想不健全であるから、よく監督するように』と書かれていたよ」。

石原裕次郎さんが不良と見られていた時代のことです。でも、母から俳優志望について監督された覚えはありません。あはは……。

長女と次女

姉二人の思い出です。父が生きていたころ、私より十一歳上の長女が「宝塚歌劇団に入りたい」と言いだしました。明治生まれの厳格な父は「この不良娘が」と怒り、「そんなに行きたいなら出て行け」とにべもありません。姉は「家出してやる」「死んでやる」と大騒ぎになりました。宝塚が不良だなんて、今ではあり得ない感覚ですよね。

結局、その姉は地元の百貨店「福岡玉屋」に就職しました。当時のデパートガールは今のキャビンアテンダント（ＣＡ）並みに人気があり、美人だった姉は社長にかわいがられ、競争が激しいネクタイ売り場でナンバーワンの店員でした。その姉が私を映画によく連れて行ってくれましたが、理由がありました。父が厳しいので夜遊びしたくてもできません。そこで「仕事帰りの姉さんをマサ坊が映画に誘ったと、父さんに説明しなさい」と毎回言うのです。夜遊びの口実作りでした。

私が九歳ごろ、クリスマスの夜に目を覚ますと、枕元にセンスの良い玉屋の包装紙でくるんだ箱がありました。ふすまの向こう側で姉と母が「マサ坊は寝たかな」「とっくに寝たよ」と話しているのが聞こえ、サンタクロースの正体が分かりました。

次女は九歳上で「博多小町」と言われるほどもてて男性が群がっていました。父のお菓子屋を手伝っていましたが、小倉競輪に刺激されたのか「太ったので競輪選手になる」と言って、競輪選手の格好をして自転車に乗っていたこともありました。

父が亡くなって転居を繰り返しましたが、最初の庭付き一戸建てには次女狙いの男性三人が居候《いそうろう》していました。六畳のアパートへ引っ越すまでに一人、二人と脱落していきましたが、最後まで残った会社員は私に屋台のラーメンをよく食べさせてくれ、学生服まで買ってくれました。

私は「この会社員と姉は結婚すればいいのになあ」と思っていましたが、ある日、次女は別の新しい男性を連れて来ました。映画の中の石原裕次郎さんみたいにショートパンツをはいて、シャツの裾を前でしばり、ハンチング帽を被《かぶ》って一見、不良風でした。姉を慕っていたまじめな会社員にとっては残酷物語です。かわいそうでしたね。

長女と次女はそれぞれ結婚しましたが、二人とも既に他界しました。

弟とたき火

七人きょうだいの末弟は、私より六歳下です。ダウン症でした。戦後、自宅そばの空き地で引き揚げ兵がたき火をしていました。ホームレス同然で軍服コートはボロボロ、汚れた髪はヘビが絡み付いているようでした。ただ、そのオジサンは話が面白いので子どもたちが集まってきます。私も弟を連れて行くと、おとなしい弟を特にかわいがってくれて膝の上に座らせますが、私はオジサンの汚さにハラハラしていました。

そのオジサンの話の一つです。

「屁《へ》とは、肛門から排出するメタンガスを言う。屁にはブー、スー、ピーの三種あり。ブーは音大《おとだい》にして臭《にお》い小《しょう》なり。スーは音小《おとしょう》にして臭い大《だい》なり。ピーは胃腸障害の疑いあり。時々中身の出ることあり」

子どもたちはみんなゲラゲラ笑います。オジサンが「今日は何人おるとね（いるかな）。

ジャジャジャーン」とたき火の中に棒を突っ込むと、不思議なことに子どもの人数分の焼き芋が出てくるのです。おいしかったなあ。

弟は福祉施設に入居しながら働き、夏休みや冬休みにはきょうだいの家でゆっくり過ごしました。八年前に六十代で亡くなりましたが、晩年は四女の妹がずっと面倒をみていました。その妹の旦那さんがとてもいい人で、うちの女房とともに世話をしてくれて頭が上がりません。亡くなった後、施設の弟の部屋を片付けに行きました。するとと私のことを書いた新聞記事が切り取ってためてありました。職員から「弟さんは、お兄さんの記事を喜んで見ていましたよ」と聞いて、私は涙が止まりませんでした。

人気が出始めたころ

私は次男のはずでした。ところが三十歳のころ、出張先のある地方の料理屋で、真夏なのにビシッと正装した集団が入ってきました。しばらくしてその一人が私の席にやって来ました。「小松さんですか」と聞くので「はい」と答えると、「市長がごあいさつをしたいと申しております」。

すると四十歳くらいの市長が現れて「雅臣君、ボクは君の兄だよ」と言うではありませんか。本当に驚きました。市長は詳細について語りませんでしたが、何となく察しました。結婚する時に戸籍を調べてみると、私は次男ではなく、四男でした。腹違いで兄が別に二人いたのです。あの厳格な父がまさかと驚き、国会議員の小話を思い出しました。

A議員がB議員に向かって「お前、妾《めかけ》を四人も持ちやがって、実にけしからん」と怒りました。するとB議員は「オレをばかにするな。四人じゃない、六人だ」。

2　転職の神様

上京

父が亡くなって貧乏になり、中学卒業後は県立福岡高校の定時制に進み、和菓子老舗《しにせ》「石村萬盛堂《まんせいどう》」の工場二階に住み込んで働きました。大学へ進学する余裕はありません。萬盛堂のおかみさんは「高校を卒業したらここに就職すればよかよ（いいよ）」と言ってくれましたが、映画が大好きで役者になりたい夢は膨らむばかりです。具体的な計画はありませんでしたが、何とかなるだろうと若さに任せて上京する決意をしました。

そこでおかみさんに相談しました。

「どうしても役者になりたくて東京へ行きます。つきましては汽車賃も全然なかけん（ないから）、一千円ほど前借りさせてください」

おかみさんはちょっとあきれた顔をした後、優しくほほ笑みながら「あんた、バカだね。会社を辞めるのに前借りなんてできんよ（できないよ）。おかしいでしょう。そういうときは餞別《せんべつ》を下さいと言うのよ」と諭《さと》し、当時の百円札で百枚、一万円もくださったのです。社長やおかみさん、従業員四十人がお菓子を一個一個手作りして包装し配達し、売り上げた大事なお金です。みんなの汗が染み込んでいるようで、私は声を上げて泣きました。

いよいよ上京する日です。寝台特急列車「あさかぜ」の三段ベッドの一番安い最上段にわくわくしました。大勢の友だちが見送りに来てくれました。高校の応援団が気合を入れてくれます。さあ、出発だ。列車のドアが閉まる直前、見送りの半分ほどがドッと車内に乗り込んできました。驚いていると「小倉まで見送るばい」と言うのです。

当時、博多から小倉まで一時間ほどでした。みんな別れを惜しみながら「裕次郎より有名なスターになっちゃり（なれよ）」「祇園山笠《ぎおんやまがさ》を担《にな》いに帰ってきんしゃい」と励ましてくれます。小倉駅で降りた友人たちは、再びホームに勢ぞろいして「ばんざーい」「松崎雅《まさ》臣《おみ》君の前途を祝して……」と三々七拍子のエールで送り出してくれました。

とりあえず、商社に就職して横浜に住んでいる六歳上の兄を頼ることにしました。父が亡くなった時に横浜の大学生だった兄は、バイトと借金をして何とか卒業し、サラリーマンになったところでした。

魚市場

なんだかんだがあり、兄の独身寮を追い出され、私は兄が学生時代に下宿していた横浜市神奈川区白楽《はくらく》にある寿司《すし》屋にしばらく住まわせてもらいました。兄と東横線白楽駅前の映画館「白鳥座《はくちょうざ》」で、トニー・カーティスとシドニー・ポワチエの『手錠のまゝの脱獄』を見た後、初めて関東のラーメンを食べました。九州の白い豚骨スープしか知らなかったので、真っ黒いしょうゆスープに驚きましたが、意外とおいしかったですね。

兄から「役者をあきらめて、どうするつもりか」と問われ、どうしていいか分からずに泣いた覚えがあります。

寿司屋で手伝いをしていましたが、店主の紹介で横浜中央卸売市場のマグロ仲卸業者の店で働くことになりました。市場に近い横浜駅そばの楠町《くすのき》で兄と同居し、毎朝三時、四時から仕事です。

「お、新入りかい」と客が来ると、店の親方が「こいつは九州の山猿でな。おっかさんは上半身裸でイノシシを追っかけてるんだよ」とばかにします。私がすかさず「親方、違いますよ。うちのおふくろは上半身に貝殻をぶら下げてマンモスを追ってるんですよ」と言い返すと、客は「面白い男だねえ」と大笑いします。

親方は途端に不機嫌になり、「このウスノロ」と言って私を殴るんですが、私はむしろ目端が利いてフットワークは軽いほうなんです。だって「私の三原則~三機」というものがあって、それは「機知、機転、機敏」の三つでしたからね。

ある日、マグロをさばいた小刀に付着した脂を落とすため、荒縄に磨き粉を付けて研《と》いでいたら、親方からいきなり鉄製の手鉤《てかぎ》で頭をガツンとたたかれました。理由も何もありません。

痛いの何のって、目から火花が出るとはこのことです。私は働きだしたときから親方にいじめられ続けていたので、ついに爆発し「貴様ーっ」と手にしていた小刀を振りかざして親方を追いかけ回しました。ただ、サイズがやたら大きい兄のゴム長靴を履いていたので、カッポン、カッポンと音を立てて走りにくいこと。もしあの時、長靴を脱いで親方に追いついていたら、刃傷沙汰《にんじょうざた》になっていたかもしれません。

そのとき、市場の守衛がピピピーッと笛を吹いて、私と親方の間に割って入りました。市場の中で起きたことは、警察には知らせず、市場の中だけで解決するという不文律がありました。昔はいろいろな事件があったことでしょうね。

それにしても当時、商品にならずに捨てる小魚やマグロの中落ち……、そうそう、中落ちや大トロなんて昔は食べなかったんですよ。捨てていました。それらをもらって、米よりも安いパンを主食に毎日食べていたので、すっかり魚嫌いになりました。だってカルパッチョなんてない時代です。しょう油につけた刺身をおかずに食パンで食べてみてください。いくら何でも合いませんよね。

転職放浪

親方を追いかけ回した気まずさから、しばらくしてマグロ仲卸業者の店を辞めました。私の転職放浪が始まります。

次は印章店、はんこ屋でした。官公庁へ行ってゴム印の注文を取る仕事です。店には手彫りの職人さんも含めて従業員が十数人いました。

昼食は食堂で一緒に食べますが、社長の娘さんが仕切っていました。その娘さんは、失礼ですが、相撲取りみたいな見目形《みめかたち》でした。

新人で末席にいる私の横に来ると、わざと頬《ほお》を寄せて「これはおまけよ」とイカフライを置いていくのです。

そのうち「博多弁で好きは何と言うの?」と尋ねられ、「好いとー、ですかね」と答えました。

青年時代はいろいろな職業に

それから毎日、私におかずを持って来て、テーブルを拭くふりをしながら「好いとー」と耳元でささやかれ続けました。ある日、社長に呼ばれました。社長は上機嫌で「君はどこかで印章店を持つ気はないかね。つまり何だな、早く結婚して支店長になってくれないか」と言うのです。私はすぐにお暇《ひま》をいただきました。

次は花屋でした。店主が仕入れてきたユリを「こっちに持ってきて」と言われても、どの花がユリか分からないほど花には素人でした。

自転車にリヤカーを取り付け、花を入れた缶をいくつも積んで団地へ行きます。「はなや～、花屋～、花」と大声で呼び掛けますが、それを恥ずかしいとは思いませんでした。花を置いたまま声掛けして回ると、客がリヤカーを囲んでいます。「これ、おいくら?」と聞かれて、原価表を見ると五十円ですが「はい、三百円、いえ、お客さまなら二百円でいいですよ」と言うと、飛ぶように売れました。

客から「この花に合うのはどれかしら」と相談されます。本当は全然分かりませんが、図画工作だけは通知表「5」でしたからね。ガマの穂かなんかを適当にパチンパチンと切って、名前も分からない青色の花もそえてゴムで結び、「奥さま、どうでしょうか」と差し出すと、客は「あら、すてきね」と喜んでくれました。

店主は営業成績の良い私を気に入り、店を広げようと私に任せる支店の内装工事まで済ませたのに、自分の息子が突然、交通事故で亡くなりました。

店主はすっかり意気消沈して、支店どころか花屋そのものを廃業してしまい、私は再び失職しました。

初めてのピザ

花屋が店じまいして、今度はケーキ店で働きました。クリスマス時期はデコレーションケーキを作りますが、作っても作っても足りないほど売れました。

アルバイトも大勢いますが、彼らは生クリームを絞ったりできません。私は博多時代に「石村萬盛堂」の洋生部《ようなま》で鍛えた腕があります。バラの花もきれいに素早く絞ります。

夜十一時、午前零時まで仕事して、やっと終わると店主が夜食をとりました。そこで生まれて初めてピザを食べました。

店主は大の犬好きで、チワワを座敷犬として飼っていました。キャンキャンとやたらうるさい犬でしたね。みんなでピザを食べているときもほえ続けています。

私が「あんた、ほえんでよかろうが。静かにしんしゃい」と博多弁で叱りました。それでも全く言うことを聞かず、私の足にまとわりついて、かみついてきます。

それを見ていた店主が「あははは、あっ、分かった。君の博多弁に反応してほえているんだ」と笑いました。

昔のことで反省もしているので勘弁してほしいのですが、私は「そこの赤いのをピザにかけたらおいしいよ」と言われた激辛調味料の小瓶を、ほえたりかんだりしている犬の口に一振りかけました。

「キャンキャンキャンキャン、ポポポポポポ……」

店主が「ど、どうした？」と驚き、私は「どうしたんでしょうかね」と応じましたが、ばれちゃいました。

店主は怒って「君はそんなに犬が嫌いなのか」と言うので、「だって私の足を見てください。もう傷だらけですよ。どうして犬を怒らないのですか」と抗議しました。

1961年に始まった『シャボン玉ホリデー』。後に出演した（右から４人目）

店主は、「そんなに犬が嫌だったら、いつでも辞めていいよ」と犬を優先したので、私も売り言葉に買い言葉、「そうですか、はい、分かりました」と立ち上がり、そのまま帰りました。

転職放浪したのは一九六一（昭和三十六）年から六二年の横浜です。十九歳だった私は成人になりました。世の中は高度経済成長へまっしぐら。後に私の運命を決定づけるクレージーキャッツの人気に火がつき、彼らが活躍するテレビ番組『シャボン玉ホリデー』の放送も六一年に始まりました。

看護師長さん

ケーキ店の次に薬問屋のセールスマンになりました。バイクや車で病院を回り、薬の注文を取ります。

私はまだ免許を持っていなかったので、自転車で片道二時間もかかるような、誰も行かない遠い大病院の内科に狙いを定めました。

ほかの従業員は一日に病院を何軒も回っていましたが、セールスのコツとして、何ヵ所も浮気するより一点集中がいいと思ったのです。友だち関係にならないと受注はなかなか難しいだろうと。

近くの菓子店でかしわ餅を買い、今で言うナースステーションへ行きました。内科の看護師長に名刺を渡し「薬のご用命をよろしくお願いします。これはほんの気持ちです」と菓子箱を差し出しました。

看護師長は「あんた、こげなことしたらいかんよ（こんなことしたらダメよ）」。上京して初めて聞いた博多弁でした。

看護師長は西新《にしじん》、私は中洲で同じ福岡市内です。すぐに打ち解けて「あんた何しに上京したとね」と問われ、「役者になろうと思うて」と胸の内を明かしました。看護師長は三十歳くらいの清楚《せいそ》ですてきな独身女性です。

「次からこぎゃんと（こんなの）持ってきたらいかんよ」と言いながら、「強力ミノファーゲンシーば五箱もらおうか」と注文してくれました。

会社に報告すると、新入りがいきなり受注ですから驚かれました。

その病院に日参しました。昼食時、看護師たちの湯飲み茶わんにお茶をダーッと注いで、当てずっぽうで「はい、山本さんどうぞ」と渡そうとすると、「山本さんはあっち」と教えてもらい、看護師全員の名前を覚えました。

次第に眼科や外科やほかの科からもどんどん注文が入りました。看護師長のおかげです。

ある日、「明日から出張でしばらくいないから、そう毎日は来んでよかよ（来なくていいよ）」と言います。私は「看護師長さんが目当てばってん（だけど）、仕事だから来ますよ」と笑いました。

翌日から何日たっても看護師長の姿がありません。「看護師長はまだ帰って来られませんか」と尋ねても、看護師たちが「まだ出張中よ」と答えるだけです。「どこに出張ですか」と聞くと「さあ……どこかしらね」と変なんです。

実は、がんで闘病して亡くなっていました。あれほどかわいがってもらったのにと涙があふれました。

政治家

薬問屋もアルバイトでした。しっかり働くには正社員にならなければと思い、事務機器会社に就職しました。

当時まだ青焼きだったコピー機をいろいろな会社へ売り込みに行くのですが、ペンや鉛筆削りなどこまごました事務用品も扱っていました。

そのとき、タイヤメーカーの総務課にいたT君と出会います。福岡出身の同級生で、意気投合して長い付き合いになりました。

彼の社宅はプールもある豪華さで、よく遊びに行きました。ほかの社員も、私を「T君の友だちならいつでもどうぞ」と歓迎してくれるのです。

優秀なT君は上司に引っ張られて、同社の社員が政治家になる手伝いをさせられました。その政治家は県議から衆院議員に、後に派閥の長として首相の座を狙うほどになり、T君は本社課長の要職を捨て、その政治家の筆頭秘書になります。

しかし、家族四人の暮らしは貧しいものでした。

あるとき、金集めをしている現場に出くわしました。トランクに一万円札がぎっしり詰まっていたので、私は「何枚か抜いて生活費にしなよ」と言いましたが、律義なT君は「そんなことはできない」と拒否しました。議員を支え続けた揚げ句、吐血して過労死しました。

私が芸能界を目指す時に「行け行け、おまえなら絶対に成功する」と背中を押してくれたT君の遺体を前に、私はその議員に向かって言いました。

「見てください。あんたがこうしたんですよ。こいつは血を吐く思いでやってきたんだ。分かっとっとですか」

政治の世界は一体どういう世界ですか。そういえばこんなこともありました。

午前一時か二時ごろ電話が鳴り「小松先生のお宅ですか。○○県議の秘書ですが、後援会に誰の話を聞きたいかアンケートしたら、小松先生が三位でした。うちの県議の応援演説に来ていただけませんか」と言うんです。

ウソでも一位と言ったらどうなんだ。

私が「全く知らない人を応援なんてできません」と答えると、その秘書は「謝礼に一本用意しています。百万円です」。

断ると「ご不満ですか、二本でいかがですか」。

怒って電話をたたき切りました。

ある俳優は選挙時期になると本業を全部休んで、応援演説に走り回っていました。その候補者が与党でも野党でも、謝礼のためなら誰でもいいんです。とにかく見境がありませんでしたね。

ブル部長

事務機器会社の見習社員としてコピー機を実演販売するため、横浜トヨペット本社へ日参しました。総務課の女性社員に「彼氏の写真をコピーしますよ」と声を掛けると、「恋人はいないわ」と言います。「だめだな、彼氏ぐらいいないと」と軽口をたたきながら、持参したフランス人俳優アラン・ドロンの写真をコピーして「あなたの彼氏ですよ」と手渡して、みんなを笑わせていました。

すると、向こう側からじっと見つめられている視線を感じます。ものすごい目力をたどっていくと、どう猛な顔立ちのブルドッグみたいな男性が私をにらんでいました。獅子舞《ししまい》でもないのに金歯まで入っています。その不気味な感じが何日も続きました。ある日、その男性が大股で勢いよく私に近づいてきました。

知らないうちに何か気に障ることをしたのでしょうか。殴られるかと身構えた瞬間、男性は当時人気だったプロレスラーの力道山をまねして、右腕を水平にして私の胸に容赦なく打ちつけ「空手チョップだよ〜ん」と言いました。

息が詰まると同時に、そのせりふにずっこけました。「な、何をするんですか」と非難しましたが、男性は「ユーはよう、飯を食ったたか」と思いもしない展開です。

後で知りましたが、この男性が並みいる上司を飛び越え、新設された乗用車センターの営業部長に抜擢された三十四歳の川上実さんでした。新車も中古車も売りまくる猛烈サラリーマンです。今でこそ普通ですが、広い敷地に中古車をずらりと並べて万国旗を飾る展示スタイルを生みだしたやり手でした。私はひそかに「ブル部長」と命名しました。

ホテルのレストランへ連行されると、俳優の山村聡さんがポークカツを食べていました。ブル部長は「ユーはよう、あれを食え」と言って、自分はコーヒーだけです。そのポークカツのおいしかったこと。

ブル部長に「コピー機は売れたのか」と訊《き》かれ、「簡単には売れませんよ」と答えると、「ユーはよう、いい根性しているから、うちで車を売れ」と突然の勧誘です。「ええっ？三十万円のコピー機も売れないのに、九十万円の車が売れるわけないじゃないですか」と言うと、また部長の右腕が飛んで来て「空手チョップだよ〜ん」と一撃を食らいました。

ホスト先輩

ブル部長に説得されて、私は一九六二（昭和三十七）年四月、横浜トヨペットに転職しました。高卒の二十歳でしたが、部長の一存で大卒扱いです。

時代は猛烈サラリーマンが高度経済成長を牽引し、マイホームやマイカーの夢を実現し始めたころです。

やってみると車のセールスは私の性に合い、芸能界に入る前の二年ほどですが、最も長続きした就職先になりました。

ブル部長が新設の乗用車センターに集めた社員たちは強者《つわもの》ぞろいでした。しかも味のある先輩や同僚ばかりで、後年、ギャグのネタにさせてもらいました。

例えば「ホスト先輩」。あだ名はすべて私の命名です。先輩はダブルのスーツに絹のワイシャツ、金のタイピンとカフスボタンで外見はまるでホストです。

ある家からエンジン故障の電話が入ります。

するとと先輩は電話を奪い取り「奥さま、どうして私をご指名くださらないのですか」と言って、女性宅へ駆けつけます。

私もヘルプ（助手）でついて行きます。今の電子制御と違い、昔は寒い時期にキャブレターが濡れると点火しにくくなり、エンジンがかかりません。しばらく放っておけば乾いて始動しますが、それを知らない人が多かったですね。

その女性が「わざわざあなたが来てくれなくても、メカニックさんでよかったのに」と言うと、ホスト先輩は「何をおっしゃいますかー。奥さま、悲しゅうございます。なぜ私に来いと直接おっしゃってくださらないのですかー」とすごい剣幕《けんまく》なんです。

先輩は私にそっと「俺が合図するまで運転席に座ってろ」と耳打ちして、上着を路上に放り出し、ボンネットを開けたり車の下に潜り込んで、誰にも見られないようにオイルをワイシャツや顔にベタベタと自分で付けるんです。

「どうしてかな？」とつぶやいて、さらにエンジンに頭を突っ込むと、女性が「そこまでしなくても、油で汚れるから、もう結構です」とオロオロします。

すると先輩の決めぜりふです。

「いやいや、何のこれしき。どーかひとつ、どーかひとつーっ」

そして「松崎君、エンジンをかけてみてくれ」と指示すると、ブルルーンと一発でかかります。

女性は感激して翌日、お仕立て券付きワイシャツ生地をホスト先輩に持参し、「車を買いたがっている家が近所にあるので、あなたなら絶対信用できると紹介したわよ」。客同士の紹介は必ずセールスに結び付きます。

「どーかひとつ」は、私のギャグの一つになりました。

おっちゃん先輩

横浜トヨペット乗用車センターの猛者《もさ》たちの中でも驚いた一人が「おっちゃん先輩」です。

自動車のセールスマンなのに年中長靴を履き、頭はボサボサ、ひげボーボー、眼鏡には泥はねが付着し、薄汚れた白衣を着ています。

セールスマンにはそれぞれ得意分野があり、医者や弁護士に強い人、ホスト先輩のように女性に強い人などさまざまですが、おっちゃん先輩はまさに土建業者専門でした。

ある日、私が助手でついて行くと、先輩は事務所のドアを開け「社長、いるかーい」と気安く入って行きます。

社長が「何だい、今日は」と警戒します。先輩は「車買えよ」とひと言。そして「腐れ車を替えましょう〜♪」と歌うのです。

案の定、社長は「おいおい、まだ一年しか乗ってないじゃないか」と抵抗しますが、「社長ともあろうお人が、あんな腐れ車に乗ってたらダメダメ。ピカピカ光っている車に乗らなきゃダメだ」と言って、また歌うように「はんこはいずこ〜、はんこ〜はいずこ〜♪」と引き出しを勝手に開けるのです。

社長が座っていると「邪魔だ、邪魔だ」と追い払います。そして「あった、これだ、こいつだ」とはんこを見つけて契約書にポンポン押すのです。

社長が「俺は買うと言ってないからな」と抗議しますが、先輩は「明日キャンセルすりゃいいんだよ」と押しの一手です。

社長は「ううう……、おまえ、特別サービスするのか」とたじたじです。先輩がとどめの決めぜりふを発します。

「何をユージロー、シマクラチヨコ」

続けて「私の目を見てものを言ってくださいね。はい、まず五万円引き、シートカバーに、レースのカーテンも付けるかい」。

契約成立で終わり、じゃないんです。おっちゃん先輩はそれからがすごい人なんです。

事務所を出て門まで車を走らせると、敷地から出る手前の駐車場に土建業者の社有車が五台ほど並んでいました。

先輩は車を降り、その五台を黙々と洗い始めるのです。私も一緒に洗いました。事務所から離れているところで、社長も社員も誰も見ていません。それでも先輩はサービスの手を抜かないんです。

社長が後日、ピカピカに磨かれた車に気づいて「うちの車を全部洗ってくれたんだってね」と感謝すると、先輩の返事はまたもや「何をユージロー、シマクラチヨコ」。この決めぜりふ、語呂がいいので私も使っています。

やっての

こわもてのブル部長は仕事を怠けると容赦ありません。受話器で相手を殴ったり、机を素手でドンドンたたいているうちに自分が指を骨折したこともありました。口癖は「やってのこうこぅ」。文句があるなら、やってから言えという意味です。例えばノルマが月五台とすると、十日で五台売れば残り二十日間は遊んでも構わない。ただし、ノルマ達成までは「こうこう」と言い訳や文句を言うなということです。

私のノルマは月二台から始まりましたが、なかなか売れません。最初の客は店頭を訪れた米軍将校でした。英語が流暢な総務課社員に助けられて契約成立です。

すると横浜・本牧《ほんもく》の米軍将校クラブが出入り自由になりました。驚きましたね。昼間なのに間接照明で薄暗い部屋に冷房ががんがんに効いています。コカ・コーラとホットドッグをよばれたり、来日した「グレン・ミラー楽団」や、私の人生を決める「ハナ肇とクレージーキャッツ」の生演奏を舞台袖から聴かせてもらいました。

車の展示場にいると洗車や雑用が多いので、ほかの社員は外回りばかりします。私は当初好んで店頭で働いていました。

すると長い付き合いになった大久保冬樹さんが家族で車を見て回り「ほしいけれど、免許がないから」と言います。

そこで「私に任せてください。免許を取らせてあげます」と言って契約成立です。

ブル部長が「免許を持ってない人に車を売ったのか。大胆なやつだなあ」と目を白黒させています。自動車学校を何十軒も回り、修理などサービスをいろいろ提案して合意した自動車学校で、大久保さんは一日に何時間も技能教習を受けてわずか一週間ほどで免許を取得しました。

そのうち調子に乗ってきました。ノルマも月に四台、七台と増え、最後は十台になりました。

「やってのこうこう」のブル部長の鼻を明かしたくて、ある月に最初の一週間で十台売って出社しました。

「今日は暑いからクーラーの効いた映画館で涼んできますね」と言うと、ブル部長が「なにーっ、生意気を言いやがって。ノルマはどうした」とすごい剣幕です。

私は契約書の束を差し出して「だって、やったもん」。部長の目が点になりました。ポケベルも携帯もない時代です。「う、うん。よくやった。時々連絡だけはしろよな」と急に優しい声になりました。

セールスの神様

ブル部長は朝から深夜までバリバリ、ガンガン働いていました。厳しい人でしたが、優しくもありました。

厳しかった例の一つです。ある夜、キャバレーに連れて行ってもらいました。独身時代のことですよ。みんなでわいわい飲んでいると、ブル部長が「松崎、どの女性がいいか」と尋ねます。迷っているうちに横に座った女性と「俺が（お金は）持つから行って来い」と言います。

翌日、女性社員も勢ぞろいしている朝礼で、ブル部長が「昨夜、松崎はキャバレーの女性と懇《ねんご》ろになった」と切り出しました。まごつく私を見据えて「おまえ、『部長、この店のナンバーワンはどの女性ですか。私はナンバーワンとしか付き合いません』となぜ言わなかった。セールスの極意を店のナンバーワンから聞きだすのが仕事だろうが。研究が全

愛読者カード

ご購読ありがとうございました。今後の参考とさせていただきますので、ご協力をお願いいたします。また、新刊案内等をお送りさせていただくことがあります。

【1】本のタイトルをお書きください。

【2】この本を何でお知りになりましたか。

1.書店で実物を見て　2.新聞広告（　新聞）
3.書評で（　）　4.図書館・図書室で　5.人にすすめられて
6.インターネット　7.その他（　）

【3】お買い求めになった理由をお聞かせください。

1.タイトルにひかれて　2.テーマやジャンルに興味があるので
3.著者が好きだから　4.カバーデザインがよかったから
5.その他（　）

【4】お買い求めの店名を教えてください。

【5】本書についてのご意見、ご感想をお聞かせください。

●ご記入のご感想を、広告等、本のPRに使わせていただいてもよろしいですか。
□に✓をご記入ください。　□ 実名で可　□ 匿名で可　□ 不可

郵 便 は が き

切手をお貼りください。

102-0071

東京都千代田区富士見一―二―十一
KAWADAフラッツ一階

さくら舎 行

住　所	〒　都道府県			
フリガナ		年齢	歳	
氏　名		性別	男　女	
TEL	（　　　）			
E-Mail				

さくら舎ウェブサイト　www.sakurasha.com

く足りない」と説教でした。

一方で、月末の深夜、私がへとへとになって帰社します。ブル部長が「どうだった？」と尋ね、私が「いやあ、ダメでした。今月はノルマやばいです」。

横浜トヨペットの野球チーム。著者は右から３人目

「何台足りないんだ？」と聞く部長に、「あと一台。どうしても落とせないところがあって……」としょげ返ると、ブル部長は引き出しから契約書を一枚取り出して「これにおまえがサインしとけ」。

部長がセールスマン現役のころに開拓した顧客が大勢います。その中には今でも部長から買いたいという客がいて、その人と契約した書類を私に譲り、客には「俺の一の子分だから、安心してこいつから買ってくれ」と言うのです。

涙、涙ですね。この人について行こうと思いました。

ブル部長は神奈川県内の販売店で常時売り上げ

トップを誇っていました。全社部長会でも年長の部長たちに向かって「俺はな、販売の神様。あんたたちはクソ」と歯に衣着《きぬ》せぬ物言いをするので社内は敵だらけでした。しかし、営業成績トップですから社長には好かれていましたね。

大卒初任給が一万三千八百円の時代に、私は十万円以上稼いでいました。ノルマを超えて売ると万単位の報奨金が出ます。

ペアの腕時計やネックレス、沖縄旅行など副賞までありました。まさに昭和の熱血サラリーマン全盛時代でしたね。

大久保さん

　免許を持たないのに車を買ってもらった大久保冬樹さんとは、長い付き合いになりました。ある月末、ブル部長のチーム全体でノルマ達成に一台足りません。午後十時、ブル部長が焦っている表情で「おい、何とかならないか。明日キャンセルして構わないから、はんこをもらえる客はいないか」とげきを飛ばします。私は会社を飛び出して、大久保さんの家を訪ねました。

　呼び鈴を押すと、奥さんが出てきて「あら、こんな夜中にどうしたの」と驚いています。「どうしてもご主人にお願いがありまして……」と頭を下げ、応接間に案内されました。寝間着姿の大久保さんに「申し訳ありません。今夜中に一台契約していただけませんか」と言うと、「まだ千キロも乗っていないのに、新車に替えろと言うの？」とけげんそうです。「本当に困っていまして……。形だけでいいんです」と懇願しました。

大久保さんは「君が困っているんだね。なら、いいよ、母さん、手付金に払う現金がいくらかあったかな。ただし、条件が一つあるよ」と言います。「一週間に一度うちに来なさい。飯を一緒に食べよう」。私は感謝しても感謝しきれない大久保さんの好意に頭を下げて泣きました。

後日談です。芸能界に入って十年ぐらいして、あるテレビ番組でお世話になった人に会いに行く「恩返し作戦」がありました。私は大久保さんにあらためてお礼を言いたくて、家を探しました。横浜から引っ越した都内の家を見つけるのに半日かかりましたが、さらに千葉へ転居していることが分かりました。ロケバスを急いで走らせて、千葉の家に着いたのが午前零時です。失礼ながら呼び鈴を押すと、大久保さんが現れました。「おおー、あなたは不思議な人だね。いつもうちに来るのはこんな時間ばかりだよ」と笑っています。するど、テレビ局がサプライズを足したいと提案しました。翌朝、ヘリコプターに私と大久保さん夫妻を乗せて横浜トヨペットを上空から見下ろすというのです。横浜マリンタワーが見えてきました。「大久保さん、あの近くですよね」と言って下を見ると、中古車を並べて「オオクボサン、アリガトウ」と文字になっているではありませんか。横浜トヨペットの社員たちが手を振っています。私は、撮影中なのに顔を伏せて号泣しました。

3 すごすぎる人

憧れの人

植木等さんが入院している都内の病院へ向かいました。

時は一九六四（昭和三十九）年の正月、私は二十一歳、植木さんは三十六歳。

植木さんがメンバーの「ハナ肇とクレージーキャッツ」はテレビのレギュラー番組を何本も抱え、東京と大阪で一ヵ月もの定期公演をし、植木さん主演の映画は年に二本から五本も公開されるという超売れっ子ぶりでした。

過労で倒れた植木さんはベッドの上でもピシッとしてハンサムでオーラがあり、私があいさつすると「君は車のセールスマンをしていたんだね。未練はどうなんだ」と、思っていたことをずばり突かれました。でも穏やかな低音で優しい声です。

「あっちとこっちと、どちらをやりたいかと考えたら、こっちを選びました」と素直に答えました。

植木さんはほほ笑みながら「そうか。私と同じだね。私も家業のお寺をやるか、こっちをやるか考えて、こっちを選んだんだよ」。

大スターを前にした緊張がすーっと和《なご》みました。「それで俺のことを何と呼ぶ」と尋ねられ、「先生ではどうですか」と言うと、「それはやめてくれ」。そこで「親父《おやじ》さんではどうでしょうか」と提案すると、「いいね。君はお父さんを早くに亡くしたそうだね。私を父親と思えばいいよ」。

憧れの植木等さんとのツーショット

偉ぶらず、こんな若造にも丁寧に接してくれる親父さん。懐の深さに感動し、この人に一生ついて行こうと思いました。

給料は車のセールスマン時代の月十万円以上から七千円に激減しました。仕事も初めは身の回りの世話や家族、見舞い客の送迎でしたが、憧れの親父さんのそばにいるだけで満足でした。

ところが、私は約六百人の競争を勝ち抜いて付き人兼運転手になったつもりでしたが、もう一人Ｉ君が同業者でいたのです。

彼は大学野球部の投手でしたが、肩を壊したので芸能界に入りたいと母親と直接親父さんを訪ねて採用されたと聞き、少しがっかりしました。

数日先輩の彼は、入院中の親父さんに「看護師さんがほれてますよ」だの「屋上にあいびきに最適の場所があります」だの学生のノリで不謹慎なことばかり言って、親父さんに厳しく叱られていました。

一日一回

私とI君が親父《おやじ》さん（植木等）の付き人兼運転手です。I君は世間知らずというか天然というか、私は親父さんのそばを決して離れませんでしたが、I君はおなかがすくと勝手にどこかへ食べに行きます。

車で移動中、私が運転している横でグーグー寝ているくせに、テレビ局に着く一分前に目を覚まし、後部席の親父さんに「もうすぐ着きますよ」と声を掛けるんです。

一度、私と殴り合いのけんかになりましたが、親父さんは不思議にもそれを止めませんでしたね。私は三年十ヵ月で「卒業」を言い渡されましたが、I君は十三年間、運転手を務めて、結局、芸能界を去りました。

親父さんは、勤勉な日本人による高度経済成長がもてはやされていた時代に、映画の主人公やテレビのコント、ヒット曲で、それを笑い飛ばして「こつこつやるやつはご苦労さん」というような豪快で無責任な人物像を演じていましたが、実生活は真逆でした。

質素で謙虚、酒もばくちも夜の遊びも一切やらずに家庭を大事にする人でした。

私が後年、オカマの芸風ばかりが売れて、本来は博多出身、応援団出身の質実剛健な自分の性格とのギャップに悩んだとき、そういえば親父さんも実像と虚像の間で同じように悩んでいらしたなあと思い出しました。

私はとにかく、親父さんに一日に一回、何でもいいから喜んでもらおうと努力しました。

植木等さんの付き人兼運転手だったころ

たとえば楽屋で一時間でも横になれるなら部屋を暗くして休んでもらいます。入り口のドアをわずかに開けて、私は親父さんの身動きを注視します。のどが渇いていそうなせきをすればすぐにお茶を出す。たばこを吸いたそうだとすぐにマッチをする。

親父さんが「おーい」と私を呼ぶようでは付き人失格です。本人よりも先に手が届くように万全を期しました。

親父さんは缶入りのたばこを好んでいました。私は新聞紙の上にその両切りたばこを広げて、ブランデーを霧状に吹き掛け、米国製ガムを缶に入れて香りづけをしました。亡くなった父がやっていたことを思い出してやってみました。親父さんは「おまえのたばこはうまいなあ」と、とても喜んでくれました。

前畑頑張れ

親父《おやじ》さん（植木等）の体力が回復し、クレージーキャッツの日劇ショーを前に舞台稽古へ行きました。リーダーのハナ肇さんに「これは俺のドライバーになった松崎だよ。よろしく頼む」と紹介されました。「おう、話は聞いているよ。おまえ、ちょっとこっちへ来い」と言うハナさんについて行くと、「おまえは植木んとこの若い衆かもしれんけどな、植木を束《たば》ねているのはこの俺だからな」。ハナさんはバンドリーダーですが、何となく子どもっぽい言い方だなと思い心の中で笑っちゃいました。

とはいえ、クレージーキャッツはすご腕ジャズバンドの上にコントも面白く、音大出身やジャズ雑誌人気ナンバーワンのメンバーがそろい、テレビや映画に引っ張りだこで、舞台には二、三千人の客が押し寄せていました。それぞれのメンバーに付き人がいましたが、私以外はミュージシャンを目指すバンドボーイばかりです。運転手が付いていたのはハナさんと親父さんだけでした。

私が付き人兼運転手になったのは一九六四（昭和三十九）年、東京五輪の年です。親父さんはオリンピックの開会式に招待されていたので国立競技場へ行きました。

クレージーキャッツの谷啓さんと

当然、駐車場で待っているものだと思ったら「おまえも来い」。だから私は親父さんと一緒に開会式を特別席から観覧したんですよ。相撲好きな親父さんが国技館へ行くときも、必ず私の分まで砂かぶりの席を用意してくれました。
こんな師匠がほかにいるでしょうか。
当時、クレージーキャッツの谷啓さんは五輪熱に浮かれていました。自宅の固定電話やドアノブのそばに小皿を置いて小麦粉か何か白い粉を盛っていました。電話がなると受話器を取る前に、まずひと呼吸置き、おもむろに小皿から白い粉を両手につけてパンパンと払います。そしてゆっくりと受話器を取るのです。ドアを開けるときもそうでした。

そう、東京オリンピック重量挙げ金メダリストの三宅義信選手をまねていたのです。

また、テレビ番組の収録が終わった午前三時半ごろ、私が親父さんを乗せて走っていると、後ろから谷さん運転の車が迫ってきます。谷さんは上半身裸でハンドルを握りながら泳ぐ格好をしています。

親父さんもノリノリで窓を開け、ベルリン五輪で日本女性初の金メダリストになった選手の名前を連呼します。

「前畑頑張れ、前畑頑張れ」

谷さんは懸命に泳ぐポーズをして私の車を追い抜きそのまま自宅へ。玄関に立った谷さんはパンツも脱いですっぽんぽんです。出て来た奥さんが「ま、あなた、どうしたの」と驚いていました。

借金十三億円？

ジャズギターもボーカルも一流の親父《おやじ》さん（植木等）は、映画『無責任男』シリーズの豪快でいいかげんなイメージとはまるで違い、酒も賭け事も夜の遊びも一切しませんが、周囲を盛り上げようとする精神がすごかったですね。

バンドの演奏中、突然ギターを横に置いてマラカスを振りながら踊りだすんです。ゲストミュージシャンが「植木はギターを弾いてたらいいのに、うるさくてしょうがねえ」とつぶやくこともありました。ふだんはもの静かなのに、サービス精神と申しますか、ふざけて場を盛り上げることが根っから好きなんですね。私にも似たところがあります。

一方で、テレビ番組のリハーサルを私がモニター画面で見ていると、演技を終えて息を弾《はず》ませながらやってきて「今のどうだった？」と感想を求めるのです。

こんな大スターが付き人兼運転手の若造に聞くのかなと驚きつつ「一つ前のテイクのほ

師匠の植木等さんと

うがフロアの人たちはよく笑っていました」と答えると、うなずいています。

芸にまじめに取り組む親父さんの背中から、たくさんのことを学ばせてもらいました。

そんな親父さんは映画のロケで宿に泊まっても、クレージーキャッツのほかのメンバーが酒を飲んだり遊びに行くのに、夕飯を食べ終わると何もやることがありません。

あれは親父さん主演の映画『ホラ吹き太閤記』で御殿場へ行った時のことです。雨が降り続いて何日も撮影待ちです。賭け事をしない親父さんが手持ちぶさたでポーカーをやろうと言いました。

二人で適当にやっていると、ただじゃ盛り上がらないのでお遊びで賭けることにして帳面をつけました。

十日間雨が続いて帳面を見ると、私が「十三億八千万円」も負けています。親父さんは「これで一生ただ働きだな」と言いました。冗談と思っていましたが、次の給料日に「おまえの給料はないぞ」と言うではありませんか。青ざめる私に「無駄遣いしないように、貯金通帳を作っておいたよ」。

そんな親父さんと宿に泊まるとき、いつも相部屋でした。私は大スターの横で緊張して眠れません。じっと息をひそめて朝を迎えます。

親父さんは目を覚ますと、「おまえは本当に寝相がいいなあ」ですって。

親父さんと酒

親父《おやじ》さん（植木等）は下戸ですが、自宅の棚には贈り物でしょうね、高価なウイスキーがずらりと並んでいました。私が付き人兼運転手になって間もないころ、親父さんの誕生日に「赤飯があるから食べていきなさい」と招かれました。「おまえ、飲めるだろう。好きなだけ飲みなさい」と、高級ウイスキーをカポカポ、カポカポとコップになみなみ注《つ》ぐのです。

飲めない親父さんは、氷を入れたり水割りにしたり、ショットグラスを使うことなどご存じなかったのです。それをぐびぐび飲むそばから、またカポカポと注ぎ足されて、私は酩酊《めいてい》しました。

当時、親父さんは主演映画を年に何本も撮っていました。完成すると大道具、小道具、衣装係など裏方さんをねぎらう宴会を自費で必ず開いていました。

私に「おまえ、今日は運転しなくていいから、私の代わりに飲んでみんなを楽しませてくれ」と言います。張り切って宴会芸を披露し、親父さんも喜んで「さあ二次会だ」「三次会へ行くぞ」と盛り上がっています。

昔話なので許してください。店を移動するとき、親父さんはいつも通り後部座席に乗り込むので私が運転するのです。

最後に自宅へ送り届けると、「今夜はご苦労さん。明日は朝八時に迎えをよろしく」と親父さん。

門が閉まった途端、私は意識を失いました。小鳥のさえずりで目を覚まし、腕時計を見るとちょうど午前八時です。地面から起き上がり、背広の泥やほこりを払って呼び鈴を押します。

出てきた親父さんは「おー、早いなあ」。その通りです。だって、立ち上がっただけですもん。

親父さんと地方へ行くと一膳飯屋を探します。親父さんは飲めないので飲み屋ではなく、一膳飯屋です。それでも店に入ると、親父さんは私に「飲め、飲め」と酒を勧めます。

自分はパパッと食事を済《す》ませると「もっといけるだろ。待っているから、さあ飲め」と私に酒を促しますが、テーブルの下で親父さんの足が小刻みに揺れ始めます。その貧乏揺すりを目の当たりにすると、そんなに飲めるものではありません。

毎年、東京・本郷のお寺に年始に行きますが、私がある年の正月、おちょこの底の高台に酒を一滴垂らして親父さんに勧めてみました。

すると親父さんはそれをなめただけなのに、その日全く動けなかったそうです。翌日自宅へうかがうと「おまえのおかげで、ここ十年間で初めて飲んだよ」と言われました。

カツ丼と天丼

芸能事務所が主催する季節イベントが軽井沢で開かれていました。所属する芸能人は総出で、政財界の招待客の前で歌い踊り、ゴルフの相手などをします。私は親父《おやじ》さん（植木等）に個人的に雇われた付き人兼運転手でしたが、軽井沢駅に要人らが着くと、事務所から「迎えに行け」と命じられて何度か行きました。

しかし疑問を呈すると、親父さんは「松崎は俺の弟子なのに、なぜ勝手に使うのか。事務所の運転手だけでは足りないのでお借りしてよろしいですか、とお願いするものだ」と事務所を叱ったのです。私みたいな小僧を守ってもらい、うれしかったですね。

付き人になって数ヵ月して、親父さんからその理由を尋ねられ、「俳優になりたいのです」と答えたら驚いていましたね。

しかしその後、事あるごとに私を紹介するのです。例えば親父さんの快気祝いのゴルフ

植木等さんやクレージーキャッツのメンバーと（右から３人目）

大会がありました。三月でしたが、私はプレーが終わるまで、パンツ一枚になって車を水洗いしピカピカに磨きました。

アナウンスで「植木等さまのお車、玄関へどうぞ」と呼ばれて駆けつけると、「お、新車かい」と首相経験者らが親父さんを見送っていました。

運転席を降りて後部ドアを開けると、親父さんは私の横に立って、みんなを振り返って「この男は松崎と申します。今は私の運転手ですが、いずれ大スターになりますので、みなさん、以後お見知りおきを」。恥ずかしいと同時に、親心に涙がこぼれました。

その帰り道です。「おなかがすいたね。ゴルフ場では大して食べていないから、そこのそば屋に寄ろうか」と言います。私は盛りそばを、親父さんはカツ丼と天丼を注文しました。

「親父さん、健康になってよく食べるな」と思っていると、料理が運ばれてきました。

すると親父さんは「いけね。医者に油もんは止められていたんだ。おまえ、この丼も食べなさい」と二つとも私のほうへ押しやるのです。

自分は最初から食べるつもりもないのに、おなかをすかせた私が遠慮するのを見越して注文してくれたのです。親父さんの心遣いに泣きながら丼をかきこみました。

叱られる

三年十ヵ月の付き人兼運転手時代に親父《おやじ》さん（植木等）に叱られた覚えはありません。ただ一度を除いてですが……。

自宅近くにあった飲み屋で、三船敏郎さんらを輩出した俳優オーディション「東宝ニューフェイス」に合格した久野征四郎君とたまたま知り合いました。互いに俳優を志す同年代で意気投合し、二人でよく飲んでは夢を語り合い、互いの家を行き来して、「金がなんだ」「女がなんだ」と壁に貼ったわら半紙に心の叫びを書いたりしていました。「征四郎」「松崎」と呼び合う仲です。

ある日、東宝の撮影所でばったり出くわしました。「よっ、征四郎、昨夜はよく飲んだな」「おう、また飲もうぜ」と笑顔であいさつを交わして別れると、しばらくして親父さんに呼び止められました。

「彼と親しいかどうか知らんが、おまえの立場は何だ。向こうは東宝のニューフェイスとして、役者として金をもらっているプロだよ。おまえはまだ付き人じゃないか。撮影所の中でそんな失礼な口の利き方をしてはいけない」と諭すように怒られました。

確かに、私は親父さんに対して、彼と親しいところを見せようと少し得意げだったのかもしれません。それ以降は二人で飲む時以外は「久野さん」と呼ぶようにしました。人間関係と礼儀はしっかりしなさいと教えられた思いです。

付き人として親父さんの支度をする

車のセールスマンだったときは月十台のノルマがありましたが、今は親父さんに喜んでもらうことが唯一のノルマです。

親父さんが映画で使う新しい革靴は、痛くならないように私が履き慣らしておきます。

親父さんが着替えるたびに衣装部屋へ行かなくてすむように、裏方さんに頼み込んで着付けや化粧の仕方を教えてもらいました。

例えば侍と町人の帯の締め方は違います。細かいことも教えてもらい頭にたたき込みました。

何ヵ月か衣装部屋に通っているうちに、親父さんが「おまえ、裏方さんたちが勉強熱心だと感心していたよ。俺も鼻が高いよ」とほめてくれました。

親父さんが喜んでくれたことがうれしくて、こっそり泣きましたね。二晩続けて徹夜や、睡眠時間が週に十時間という忙しさでしたが、全く苦になりませんでした。

知らない、知らない

親父《おやじ》さん（植木等）を乗せて運転しているとき、私が車のセールスマンをしていたころ出会った人の話になりました。

五十代の課長は、自分より年下のブル部長の顔色をうかがっています。私が書類でミスをすると「松崎、何やってんだ」と怒ります。ついでに「今月のノルマはどうした？」と聞くので、「大丈夫です。あてがあります」と答えると、課長は「あてじゃダメなんだよ。結果を出せ。今すぐ結果をとってこい」と声を荒らげます。

すると向こうから「おーい、うるさいよ。静かにやれないのか」と部長が注意します。課長は突然、体をナヨナヨとくねらせながら「ああっ、部長、申し訳ありません。ほら、おまえのせいで怒られたじゃないか。もう、知らない、知らない、知らない」。

私の話に親父さんはゲラゲラ笑っています。次の『シャボン玉ホリデー』の打ち合わせ

ハナ肇さん（中）や安田伸さん（右）とコントに出演

で、親父さんに促されクレージーキャッツのメンバーにその話を身ぶりを交えて話すと、みんな大笑いです。演出の秋元近史さんにも受けて、クレージーの谷啓さんがコントに仕立てました。

私が歌舞伎の隈取《くまど》りをして大きなカツラをかぶり石川五右衛門に扮《ふん》します。山門のセットで「絶景かな、絶景かな」と言いながら、見得《みえ》を切って片足を欄干《らんかん》に上げますが、つるんと滑って転ぶのです。

そして身をよじり、「さっき、お稽古したときはうまくいったのに……。もう、知らない、知らない、知らない」。

私のテレビデビュー作になりました。

秋元さんは笑いを徹底的に追求していました。翌週は西部劇です。私が酒場の扉を押し開きます。悪人面《づら》をしたクレージーのメンバーたちが色めき立ちます。

私が「ガタガタ騒ぐんじゃねえ」と言うと、誰かが「殺し屋キッドだ」と叫びます。

「やるなら銃を抜け」とタンカを切る私に向かって、全員一斉に銃を抜いてバンバン撃つのです。

大量の銃弾を浴びた私は「ううっ……、か、勝てると思ったのに……。もう、知らない、知らない、知らない」と言って絶命します。

私の初めてのはやり言葉になり、毎週いろんなバージョンを作りましたね。

ボーヤ仲間

『シャボン玉ホリデー』の演出をしていたディレクターの秋元近史さんは笑いについて妥協しない怖い人でしたが、私たちクレージーキャッツのボーヤ（付き人）には端役でも一回出演すると二千五百円のギャラを出してくれる優しい人でもありました。

私は出番が多く、次第にレギュラーのようになりました。一週間に一回出演すると、月に一万円のギャラになりますが、私はそれをみんなに均等配分しました。親父《おやじ》さん（植木等）のそばにいるだけで満足だったし、お金のことで仲間に恨まれたくなかったのです。

食事も私の発案で付き人みんなが食べられるようにしました。クレージーが東京の日劇や大阪の梅田コマ劇場などで公演する際、出前を取ります。メンバー全員の好みを覚えておいて「みなさんが一緒に食べられるように今日は中華料理を一括注文しますよ」と言うと、ハナ肇さんが「よっしゃ」と応じます。

私が「あなたはラーメンに半チャーハン、あなたは……」と注文を確認しながら、ボーヤたちが食べるギョーザや中華丼をこっそり忍ばせるのです。メンバーが食べている最中に「早く早く」と急《せ》かして舞台に送り出し、残った皿をみんなで分け合ったこともありました。親父さんたちは知っていたでしょうね。だって大人ですもん。

リーダーのハナさんは付き人を舞台にも出演させてくれました。コント『おかあさん』は、山奥に疎開した児童たちの役でザ・ピーナッツと共演します。クレージーの桜井センリさんが先生役でオルガンを弾きながら「さあ歌いましょう、みんないらっしゃい」と呼ぶと、子どもの格好をした私たちがわーっと出ていって「七つの子」を歌い、故郷を思い出して「おかあさーん」と泣きます。そこに男性の姿で犬塚弘さんが現れ「はいはい、私がおかーさんですよ」と言います。私たちが「違う、お母さんじゃない」と言うと、犬塚さんは「私の名前は岡三、岡三蔵です」。

主役より目立ったり、流れを台無しにすることは許されませんが、付き人たちは思い思いに目立とうと必死でした。ある日、私は赤いふんどしを締めて転がり出ました。想定外の展開にセンリさんが「子どものくせに何て格好なの」と尋ねます。私が「戦死したおとーたまの形見のふんどしだよ」。客席に泣き笑いが広がりました。

飛ばすなよ

「ハナ肇とクレージーキャッツ」の正月恒例は日劇の舞台でした。親父《おやじ》さん（植木等）の付き人兼運転手になって二年が過ぎた一九六六（昭和四十一）年の「今年もクレージーだよ！ザ・ピーナッツ」の舞台で、私の武勇伝が生まれます。

前年にヒットしたフランスのポップス『夢見るシャンソン人形』の歌をコント仕立てにしました。親父さんがフランス人形になり、スカートが籠《かご》のように膨らんでいます。その中に私が入り、歌に合わせてスカートをかわいらしく持ち上げるのです。手も使わず糸もついてないのになぜ揺れるの、と観客を驚かせる狙いでした。

最後に親父さんがステテコに腹巻き、ゲタ履き姿でフランス人形から飛び出し、スカートの私が「置いてかないでー」と追いかける二度オチです。ドッカーンと受けましたね。

私はスカートの暗闇《くらやみ》の中で親父さんの動きに懸命についていきますが、親父さんが履いたゲタが容赦なく私の素足を踏み続けます。

血だらけになりましたが、ほかの付き人にその役をとられないように、舞台の血をモップで拭きながら落ちた爪を探しました。最終日には爪が全部はがれましたね。今でも左右の足の爪がいびつな形です。

親父さんにも隠していましたが、後日「何で言わなかったんだ」と問われて「別に痛くなかったので」と答えました。親父さん、今だから言わせてください。死ぬほど痛かった、あはは……。せっかくもらった役を全《まっと》うしたい、若いころのひた向きさで我慢したんでしょうね。

その後も付き人の立場ながら、クレージーキャッツのテレビ、舞台、映画に出させてもらいました。視聴者から「知らない、知らないのコントをやっている人は誰ですか」と反響もあり、少しずつ小松政夫の名前が知られ始めました。親父さんが売り込んでくれたおかげです。

親父さんは「最初から飛ばすなよ、力むなよ。その役がだんだん大きくなるようにしていけばいいんだ。『誰だ、あいつは』と思われたらしめたもの。数十回やって最後に『面白いね』と言われたら、それでいい」。今でもこの言葉をかみしめています。

鶴田浩二さん

親父《おやじ》さん（植木等）はなんてすごい人だろうと思うことがたくさんありました。あれはテレビ局の細くて狭い廊下での出来事です。

廊下の両側にはスタジオの入り口がいくつも並んでいました。向こう側からのっしのっし歩いて来る人がいます。

「あっ、鶴田浩二さんだ」とすぐに分かりました。昭和を代表する映画スターが若い付き人たちをぞろぞろ従えています。

廊下が狭いので、私は壁に張り付くようにして一行が通り過ぎるのをじっと待っていました。

親父さんの教えで礼儀を尽くすのは当たり前ですから、鶴田さんが近づいて来た時に「おはようございます」とおじぎをしました。

すると驚いたことに、鶴田さんは私の前で立ち止まって「君は小松政夫君だね」とおっしゃったのです。私は「え？　は、はい」とまごつきました。

鶴田さんは「いやあ、植木さんとね、この間一緒に仕事したら、君の話をね、三十分も聞かされたんだよ。なるほど、君が小松君か」と言うのです。私はもう恐縮しちゃって平身低頭でした。

それにしても私が鶴田さんにお会いしたのはそのときが初めてです。私のことを鶴田さんがご存じなわけがありません。あれはきっと鶴田さんの付き人が「壁に張り付いているのは植木さんの付き人の小松政夫ですよ」と耳元で教えたのでしょう。

「面白い男がおりましてね」と私のことを売り込んでくれた親父さんのおかげで鶴田さんの記憶の片隅に私の名前が刷り込まれたのでしょう。

親父さんに感謝するとともに、鶴田さんにはしっかりした付き人がいるなと思いました。と言うのも、最近でも芸人と称する人たちが付き人やマネージャーを四人も五人も引き連れて歩いています。

ただ、その付き人たちは芸人とろくにコミュニケーションも取らずに、楽屋でも中に入ってじっくり話をすることもなく、外で携帯やスマホをいじっている姿によく出くわします。

私が親父さんの付き人をしているときは、親父さんのかゆいところに手が届くように終始そばにいて気を張り詰めていました。

しかし今は楽屋の雰囲気が当時とは一変しましたね。廊下ですれ違う若い芸人が会釈もしないのは寂しい限りですが、芸人が私のことを知らなくても、付き人やマネージャーが気づいて知らせることもないようです。

私が芸能界に入って芸名をもらったばかりのときでさえ、鶴田さんの付き人は気を利かせていました。もう二度とそういうことはあり得ない懐かしい時代の話でしょうか。

独立

一九六七（昭和四十二）年秋、親父《おやじ》さん（植木等）の付き人兼運転手になって三年十ヵ月がたちました。テレビや映画の出演者欄に名前こそ出ませんが、小松政夫として出番が増えてきました。この先、自分はどうなるのだろう。あと五年か十年たてば、親父さんから「どこでも行きなさい」と言われるのかな、それとも「もう教えることはないよ」とだけ言われるのかな、自分から「そろそろ独立していいでしょうか」と尋ねるべきなのかな、などと漠然《ばくぜん》と考え始めていました。

あれはNHKから親父さんの自宅へ向かって車を走らせていた時です。後部席から身を乗り出した親父さんが「おまえ、明日からオレのところに来なくていいよ」と言うではありませんか。自分で知らないうちに何か大失敗してしまいクビになるのかと不安になり、バックミラーで親父さんの表情を確認しようとしました。

すると「この前、事務所の社長に会ってな。おまえを専属タレントにしてくれと頼んだんだ。給料もマネージャーもオレが決めておいたからな。明日、事務所へ行って正式に契約しなさい」。

驚くと同時に涙があふれて前が見えなくなりました。クビではなくて卒業でした。親父さんのもとから巣立つ寂しさでしょうか、一人前と認めてもらったうれしさでしょうか、どちらか分からない涙でした。しかも親父さんは社長に直談判《じかだんぱん》して私の身の処し方まですべて決めてくれました。

ふつう師匠が弟子にそこまでするでしょうか。「すみません、車を止めていいですか」と言って道路の脇に停車しました。涙が止まらず、私は声を上げて泣きました。

親父さんに一日に一回は喜んでもらおう、「おーい」と呼ばれる前に親父さんがしてほしいことを先にやろう、忙しい親父さんにできるだけ体を休めてもらおう、そう思いながら三年十ヵ月がむしゃらにやってきましたが、果たしてできたでしょうか。そんな私をじっと見て、判断してくださったのです。ひとしきり涙を流すと、親父さんから「あのな、別に急ぐわけじゃないけど、そろそろ行こうか」と優しく声を掛けられました。

4　これからこれから

初レギュラー

親父《おやじ》さん（植木等）の付き人兼運転手を卒業しましたが、テレビや舞台、映画で親父さんと共演させていただいたし、お忙しいときはそばに付き従ってこれまでのようにお世話をさせてもらうこともありました。師弟関係は独立後もずっと続いたのです。これが私の財産そのものですよね。何かあれば親父さんに相談しようと思える私は幸せでした。

次第にクレージーキャッツの人気に陰りが見え始めたのはつらくてたまりませんでしたが、時代の流れといえばそうです。私と伊東四朗さんのコントがテレビで評判になると、親父さんは本当に喜んでくださいました。ただ、私はいまだに親父さんの庇護の下、生かされているんだなと思っています。

所属する渡辺プロダクションは音楽事務所です。親父さんのクレージーキャッツもジャズバンドだし、ザ・ピーナッツや布施明さん、中尾ミエさん、伊東ゆかりさん、ザ・タイガースなどみんな歌手でした。コメディアンで俳優の私は珍しい存在です。

私の独立をお膳立てしてくれた親父さんは「給料もオレが始めた時と同じ月四万円にしておいたよ」と言いましたが、十数年前と同額だなんて、あはは……。でも半年すると月七万円に上がってホッとしました。当初はクレージーやタイガースの舞台や映画に出たり、森進一さんらの歌謡ショーの司会などをしていました。ただ、司会の仕事でも、私は俳優なので、自分も絡むコントや芝居を演目に入れるようお願いしました。

テレビ番組の初レギュラーは、一九六八（昭和四十三）年五月に始まった『今週の爆笑王』の司会です。二十六歳の時で、土曜午後七時から三十分間のゴールデンタイムにコント55号、てんぷくトリオ、由利徹さんらお笑い人気芸人数組が登場し、榎本健一さんたち豪華審査員で緊張しまくりました。初回に親父さんの激励テープが流れ、私は感涙です。司会者が泣きだすなんてお恥ずかしい。視聴者は面白くも何ともありません。

独り立ちして司会の仕事から始まった

私がいつも緊張しているので、スタッフがキャンプ場で飲み会を開いたりしてリラックスさせようとしましたが全くダメで、「小松っちゃん、今日も同じことを三回しゃべったね」と言われたりしました。初回こそ視聴率はまああでしたが、どんどん悪くなって十三回で終わりました。

親父さんやクレージーに鍛えられて自信満々だった私が、こんなにたわいもなく崩れ落ちるだなんて。しょせん、力のないヤツが舞台に上がるとこける典型例でした。親父さんに番組終了を報告すると、「おまえ、しょげてんのか？」と優しい言葉ではなく、一度失敗したくらいでどうすると覚悟を迫る言葉をいただきました。

常磐ハワイアンセンター（現・スパリゾートハワイアンズ）で収録するラジオ歌謡番組の司会もやりました。最前列の客が「この人、上手だなあ、ひょうきんだなあ」と福島弁で口を挟むのが妙に耳に残り、「西方、上手だね。東方、ひょうきんだね」とギャグにしました。

ドラマ

独立してテレビドラマからも声がかかり始めました。一九七一（昭和四十六）年に始まった吉永小百合さん主演の『花は花よめ』シリーズが最初のレギュラー出演です。岡崎友紀さん主演『なんたって18歳！』などアイドルや青春ものが続きました。

あるロケで午前八時に現場へ行って「ここは朝ご飯はないの？」と誰にともなく尋ねました。

すると品の良い中年男性が「おなかすきましたか、ごめんなさいね」と言うと、あっという間にサンドイッチとコーヒーのポットを持ってきました。「勝手なことを言ってすみません」と恐縮しました。

「うちが近所ですから家内に作らせました」と話すその人が、後に『太陽にほえろ！』などヒット作を連発するプロデューサー岡田晋吉さんでした。

吉永小百合さんと共演

私は若いくせに偉そうな口をきいたから、その後「ジーパン刑事」とかになれなかったんでしょうね、あはは……。

倉本聰さん脚本のドラマは、七五（昭和五十）年の『前略おふくろ様』や、八一（同五十六）年の『北の国から』に出演したほか、映画でも同年の『駅ＳＴＡＴＩＯＮ』などに呼ばれました。

俳優になりたくて芸能界に飛び込んだ身として、倉本さんのせりふチェックは厳しくて冷や汗もので勉強になりました。

撮影の合間に宴会芸を披露していたら、倉本さんが『小松の芸を見る会』を神楽坂の料亭で開いてくれました。

そこで倉本さんにも登場してもらい、犬の食事風景です。小さい犬の私がご飯を食べているところへ、大きい犬の倉本さんが現れます。私が「ウー、ウー」と低い声で牽制しながら食べていると、倉本さんが突然「ワウッ」とドスの利いた声でほえるんです。すると私が「キャイン、キャイン」とあたふた逃げていき、倉本さんが悠然と食べ始めます。「心理描写がいい。君は細かいところをよく見ているなあ」と言われました。いろいろな芸を披露し、集まった俳優のみなさんも巻き込んで笑ってもらいました。

二〇一七（平成二十九）年にも倉本さんのテレビドラマ『やすらぎの郷《さと》』に出演しました。頭を黒く染めていましたが「白くしてくれ」と倉本さんの注文です。「時間がかかりますよ」と言うと「待っています」。どこまでも芝居に真剣な人です。

いろいろ

独立したころはいろいろな映画に出ていました。菅原文太さん主演の映画『新宿《じゅく》の与太《よた》者《もの》』（一九七〇年）の撮影では、マネージャーが時間を間違えて現場に入るのが大幅に遅れました。

題名で分かる通り、与太者に扮《ふん》した怖い顔のお兄さんたちが大勢群がっています。開始時間に余裕を持ってスタジオに入ったつもりでしたが、ひときわ強面《こわもて》のお兄さんに「こらーっ、何しとんじゃ、われ。いったい何時間待たすんじゃーっ」と怒鳴られました。

私の役はオカマのチンピラなんです。もう震え上がりました、あはは……。マネージャーが飛んで来て、みんなに土下座していました。

初の準主役映画は左とん平さんと共演でした。大きな声では言えませんが、題名は『セックス喜劇　鼻血ブー』（七一年）です。サラリーマン喜劇で濡れ場があります。

監督から「全裸で抱き合って腰を動かす」と指示が出ました。私が「そんな役はできません」と言うと、恋人役の女優さんが実に堂々としていました。監督は「小松ちゃん、今日は勉強して帰ってください」だって。

家族に電話して「映画で準主役をやることになったよ」と報告しましたが、「やったわね。で、何という題名なの?」と尋ねられて「うっ……」と言葉に詰まりました。

左とん平さん（左）と時代劇で共演する

映画『盛り場流し唄　新宿の女』（七〇年）でもラブシーンがありました。ホステスが主人公の物語ですが、監督と女優がもめています。「裸になるなんて聞いていない」「それはオレ（監督）が決めることだ」と押し問答が長く続いて、裏方さんたちもうんざり気味です。

私が女優さんに「裸が映らないように、オレが隠すよ。下着は脱がないでいいように監督に頼むからさ」と説得に加わりました。

私は早く撮影を終えて帰りたい一心でした。

すると、それまでうなだれていた女優さんが「分かりました」とひと言発して、すっぽんぽんになりました。スタッフ一同あぜんです。

ラブシーンをさばさば撮影すると、服を着ていい休憩時間になっても女優さんはずっと裸のままでした。

打ち上げ

昔の話です。独身時代に藤田まことさん、芦屋雁之助さんらと一ヵ月ほど地方巡業をしました。メインは笑いあり涙ありの喜劇です。熊本が旅公演の最終地で、千秋楽の前夜に解放感から風俗店に行くと、そこの店主がまことさんの大ファンでした。店を私たちの貸し切りにしてくれて、店のお姉さんたちとこたつに入って差しつ差されつ、馬刺しや鍋料理を食べながらすっかり酔いました。

お姉さんたちとも仲良くなり、まことさんが「明日の千秋楽にはみなさんでおいでください。その後の打ち上げの宴にもご招待します」と言うと、みなさん大喜びです。翌日、客席にきれいどころが見えて私たちは長旅の疲れも吹き飛び、元気いっぱいに舞台を跳びはねました。

打ち上げはスタッフも含め四、五十人の宴会です。昨夜の出来事を知らないスタッフたちは、なぜきれいなお姉さんたちがいるのか不思議だったでしょうね。でもおかげで座が華やぎました。

お姉さんたちはいろいろな事情を抱えて夜の街で懸命に働いています。余興の時間になって、そのうちの一人が「みなさんの舞台を見て、久しぶりに笑って泣かせてもらいました。しかもこの晴れの宴席にまで私たちをお招きくださり、本当にありがとうございます。一生の思い出になります。私、音楽大学の声楽科を出ていまして、お礼に歌わせてください」と言って、アカペラ（無伴奏）で「雨は降る降る〜♪」と透き通るようなソプラノで歌い始めたのです。

昨夜懇《ねんご》ろになった仲だけに、高学歴でこんな素敵な美声の持ち主がなぜ今風俗店で働いているのだろうか、などと思いを馳《は》せながら聞いていると、彼女の歌声が心に染み入り、私もまことさんも涙を流していました。スタッフたちはなぜ私たちが泣いているのか理解できなかったでしょうね。

そうそう、藤田まことさんには、大阪の百貨店の屋上にあるイベントスペースでコントをやるときに「ちょっと勉強するつもりで遊びに来いや」と呼ばれました。時代劇の必殺シリーズが大ヒットする直前でした。

まことさんはコメディアンとしても一流です。『藤田まことショー』と看板を出して、セットも何もありません。

「小松、トイレの個室に入っているつもりでいすに座っていなさい」と言われて、私は小さな舞台のいすにただ座っているだけです。

まことさんが「今日はようこそいらっしゃいました」と観客にあいさつしながら、私の方を向いてドアを叩くふりをして「はよ出て、持ちませんねん、はよ出てや」と便意を我慢しているコントなんです。

それで十五分間もお客を笑わせ続けるのですからすごいでしょう。

まことさんには鍛えられました。動きとせりふだけで藤田まことさんのお笑いワールドを作り上げてしまうのですから。

喜劇人は早死に？

『笑点』や『お笑いオンステージ』の司会で人気だった三波伸介さんも、私の師匠の親父《おやじ》さん（植木等）と同じく酒を全く飲めませんでした。あるとき、新幹線で二人きりになりました。三波さんは「オレはな、今テレビで一生懸命頑張っているのは、ぷっ、芝居の座長になりたくて、その資金集めをしているんだ」と語り始めました。そして「オレが一座を立ち上げたとき、おまえは若頭だ。自覚を持て、ぷっ」。驚きました。若頭とは副座長のことです。

「オレは今日、気持ちがいい。飲む」と言うと、私が飲んでいたポケット瓶のキャップに一滴垂らしたウイスキーをなめて、五分もしないうちに寝てしまいました。その話はそれきりです。

コメディアンの東八郎さんが劇団を旗揚げするときも、副座長に迎えたいと言われました。私は東さんを尊敬し、兄《あに》さんと呼んでいました。「浅草のスターの兄さんには、浅草の仲間がたくさんいる。その人たちを飛び越えて博多もんの私では申し訳ない」と断りましたが、兄さんは「ボケはオレ一人でいいんだよ。オレは笑いの世界を変えたい。おまえの若さと爽やかさとセンスを買う」。そして副座長に就任しました。

東八郎さんと共演する

一九八五（昭和六十）年六月、下北沢の本多劇場で東八郎一座の旗揚げ公演をやりました。タイトルは『浅草風下北沢コメディー』。追加公演を含めて毎回満席です。

数年続けていると、それを見た新宿コマ劇場の関係者が「この舞台をそっくりうちで買いたい」と言うのです。小さな舞台でやっているわれわれの喜劇が大きな劇場に認められたのです。私は兄さんと抱き合って泣きました。

一九八八（昭和六十三）年に実現したコマ劇場も大入りで、浅草のホテルで打ち上げをしました。「来年から毎年コマ劇場でやることになったよ」と宣言して、大いに盛り上がったのに、兄さんはその十日後に病死されました。

私が大きな影響を受け、私をかわいがってくれた三波さんと東さんはともに五十二歳で亡くなりました。

「コメディアンは早死にする」と言い続けていますが、実は森繁久弥さんと森光子さんは八十歳を過ぎても現役でしたし、親父さんが鬼籍に入ったのも八十歳です。私も二〇一九年で七十七歳。先の早世説は撤回しますが、三波さんと東さんがもし長生きしていたら喜劇の世界はずいぶん変わっていたでしょうね。

恋騒動

名前も顔も売れ始めた独身時代、都内の女医さんと付き合っていたころの話です。大阪でクレージーキャッツの一ヵ月公演があり、私も出張しました。ある日、楽屋に若い女性が現れました。一目で水商売の方と分かります。「あなたの大ファンです」と言って、部屋の掃除や片付けをしてくれます。

北の新地に食事へ行くと、前方から怖いお兄さんたちがゾロゾロ来ます。私は気づかれないように顔を伏せましたが、お兄さんたちはその女性の前で立ち止まると「姐さん、こんばんは」とあいさつして道を空けるのです。小料理屋でもバーでも女性は特別扱いでした。実は、女性はその筋とは無関係で、高級クラブで働いており、誰に対しても分け隔てなく面倒見のいいことで知られていました。

その女性とはそれだけの関係でした。公演が終わり、東京へ帰った翌朝、電話が鳴りました。「いま羽田におるんよ。話があるんや」とあの女性の声です。私は忙しい旨を伝えて帰ってもらいました。そんなことが二、三度ありました。

ところが、ちょうど恋人の女医さんと食事の約束をしていた日に、その女性が「どうしても話をしたい」と上京してきたのです。

仕方なく三人で食事をすることにしました。恋人には「大阪で大変世話になった人だ」と説明しましたが、食事の間、二人の女性が〝さや当て〟を演じて何とも気まずい雰囲気です。

しかし、何度か大阪から上京したのに会わなかった引け目もあり、何とか取り繕って恋人を先に帰しました。

深夜のスナックで、その女性は初めて身の上話をしました。一流の大学を出たものの母親が亡くなり、飲んべえの父親が相場で借金を重ねてきた。女性が会社勤めを辞めてクラブで働いて返済してきたけれど、そんな父親と絶縁するためのお金を払ってくれる金満家に身請けされることになった、というのです。

そして「最後の思い出に、あなたと一晩過ごしたい」と。二人とも泥酔して私のアパートに転がり込みました。

早朝、ドアが開いて「おはよう」と恋人が入ってきました。私たちを目の当たりにして逃げだした恋人を、私はパンツ一枚の格好でどこまでも追いかけました。

大阪の女性は反省しきりでしたが、私は「自分のせいだから気にしないで帰ってください」と言いました。二人の女性との関係は終わったと思いました。

ところが大阪の女性はこの広い東京で一体どうやったのでしょう。私の恋人を捜し出し、仲直りさせてくれたのです。これで一件落着と思いホッとしましたが、まだ終わりませんでした。

仕事で日劇へ恋人を連れて行きました。すると、心ない振付師が「あ、小松ちゃん、この娘《こ》がエンジョイの女医さんだね」と、英語と日本語を組み合わせた下品な駄じゃれを飛ばしたのです。その言葉で自分は遊び相手にすぎないと誤解した恋人は、怒りが何百倍、何万倍にも膨らんだのでしょう。私は完全に嫌われてしまいました。恋騒動はついに幕引きです。とほほ……。

健さん

高倉健さんとも映画をご一緒しました。『駅　STATION』（一九八一年）と『居酒屋兆治』（八三年）などです。あれはロケ地の北海道・函館山でのことです。私は東京で仕事が続いて、ほかの出演者より三日遅れて現地入りしました。空港に迎えに来た車の運転手に「健さんにあいさつしたいので、手前で降りて歩かせてください」とお願いしたにもかかわらず、停車したのは失礼なことに、一人草原に立ったまま何かを食べている健さんの目の前でした。

ドアが開いて転がり出た私は「遅れて大変申し訳ありません」と恐縮しながらわびると、健さんは「小松さん、よろしく。あ、一ついかがですか。これは東京から取り寄せた塩豆大福です」と渋い声で勧めるのです。「あ、いや、僕、あの……」と言葉に詰まりました。私は酒飲みだから甘い物が苦手なんです。しかもその大福は特大サイズでした。

「さ、さ、どうぞ」と健さん。遅れてきた手前もあり「はい、それではいただきます」と目をつぶって口に運びました。健さんは「やっぱ、うまいもんはうまいっすよ」と決めぜりふです。もぐもぐ、もぐもぐ……何とか全部食べきりました。それを見た健さんが「もう一個どうぞ。さ、さ、遠慮せず、さ、どうぞ」。ううっ……、「後でいただきます」と断るのが精いっぱいでした。

健さんは酒を一滴も飲みません。北海道が大好きで、ロケ地の喫茶店や小さな割烹《かっぽう》旅館を一人で借り切っていました。これがまた健さん専用の、おいしいコーヒーや料理を出してくれるんですよ。小樽のロケ最終日、私に「今夜は小松さんにお食事を差し上げたい」とその割烹旅館に招いてくれました。「差し上げたい」という言い方が健さんの真摯《しんし》な人柄を表していますよね。

高倉健さんも大笑いした「しらけ鳥音頭」

「さ、どんどんやってください」と私に酒を飲ませて「聞くところによると、小松さんの宴会芸が面白いそうですね。今日は私に見せてもらえませんか」と言うのです。

もちろんコンドルが着地するシーンなど動物模写や、しらけ鳥音頭、電線音頭などを小一時間披露しましたよ。

すると、あの寡黙でいつもかっこいい健さんがゲラゲラ、わーはっはっと笑いながら子どものように畳の上を転げ回るんです。ちょっと想像しにくいでしょう。あんなに楽しげな健さんの姿を見られて、私もうれしかったなあ。

あるロケで、私だけ休みの日がありました。よし、今日は健さんのかばん持ちをしようと決めました。昔取った杵柄《きねづか》、親父《おやじ》さん（植木等）に仕えてきた身です。自分が出番ではないときも立って待っている健さんのそばに、折り畳み椅子を運んで「どうぞ」と勧めました。しかし、健さんは「お心遣いありがとうございます。でも僕はトレーニングでいつも立っているんですよ」ですって。本当にストイックでダンディーでしたね。

松方さん

テレビ番組のナショナル劇場は月曜夜の放送で、時代劇は『水戸黄門』『大岡越前』『江戸を斬る』を交互にシリーズでやっていました。私はその番組プロデューサー逸見稔さんにかわいがられてレギュラーやゲストで出演していました。撮影は京都の東映太秦《うずまさ》です。京都の撮影所は裏方さんたちが誇りを持っています。アイドルが「カツラが痛い」と言うと、床山さんが「あんたの頭をかんなで削りや」と言い返します。

私は親父《おやじ》さん（植木等）が主演映画を撮ると必ず裏方さんを慰労していたので、京都でもよく裏方さんと飲み歩きました。

すると立ち回りで刀の返し方を教えてもらったり、二日酔いで長ぜりふがもつれると、音声さんが監督にはOKを出した後、こっそり「あんさん、全然ダメやからオンリー録《ど》りしよ」と、私の口の動きに合わせて再録音してくれました。

そんなときに『名奉行 遠山の金さん』などを撮影していた京都の大スター松方弘樹さんから声を掛けられました。「あんた、みんなを大事にしてくれてありがとうね。今日は京都を代表してお礼をしたいから一緒に飲もう」と誘われました。レストランに電話して「小松さんと行くからワインのええのを用意しときや」と言います。

二人きりの席に出てきたワインは、超高級のロマネ・コンティです。松方さんは「これ、どや」と言いながら、栓《せん》をポンと開けてコンコンコンとワイングラスになみなみ注《つ》ぐんです。「さあ、飲め、飲め」「同じもんをあと二本持ってきて」ですよ。高級ワインを三本も空けて、ぐでんぐでんに酔いました。

二〇〇七（平成十九）年放送のテレビドラマ『ハケンの品格』でもご一緒しました。湘南のスーパーマーケットを借りて午後八時から三時間のロケ予定でしたが、翌日午前七時になっても終わらず、開店時間が迫っています。私は松方さんに「撮影が八時間もオーバーですよ。ビシッと言ってください」と言うと、松方さんは「ふふふ、オレも言いたいけどね、監督も何回かしたことがあるから、ねえ、いろいろ問題もあるだろうから言えないんだよね」。かわいい言い方でしょう。そうか、大御所の松方さんが我慢しているのに、私たちがぐずぐず言ったらいけないと思い直しました。

黄門さま

テレビ時代劇『水戸黄門』には東野英治郎さんが主役のときから出ています。黄門さまも最後のころはお年を召されました。

茶屋を出て「あっあっあっ、助さん、格さん、参りましょうか」といつものせりふの後、街道をまっすぐ歩いて行くシーンで、道から外れて田んぼの中にジャボジャボと入られました。道が傾斜しているため自然とそうなったんでしょうね。

黄門さまと私が牢屋《ろうや》に入れられたシーンでも愛嬌《あいきょう》たっぷりでした。「風車の弥七」が天井裏からご老公を助けにきます。スタントマンが天井から飛び降り、カットを変えて、あらかじめ座っている弥七が床から少し跳び上がって舞い降りた感じにします。

「用意、スタート」の合図で、弥七だけでなく黄門さままでポンと跳び上がるのです。

「座っててください」と言われても、条件反射みたいにつられてしまうのでしょうね。何度も跳び上がっていました。それにしても役を全うされた姿には頭が下がります。

『水戸黄門』はゲスト出演でしたが、偽黄門の役を三回やりました。偽黄門の役は、本当の黄門役をやるためのテストだといわれていました。国民的な人気番組です。

いつか黄門役のオファーが来るかなと期待もしました。しかし、私をかわいがってくれた番組プロデューサーの逸見稔さんが一九九五（平成七）年に亡くなり、その声は掛かりませんでした。

同じナショナル劇場の番組枠で『大岡越前』と『江戸を斬る』はレギュラー出演でした。

『水戸黄門』で偽黄門に扮した（右から３人目）

三つの番組を合わせると、京都での撮影は七〇～九〇年代にわたり、うち十六年ほどは京都中心の生活になりました。
もちろんその間も東京を行き来して、バラエティー番組や映画、舞台にも出ていました。

あるとき、演出家の久世光彦さんから「小松、おまえはなぜもっとパーッと世の中に出ないのか」と尋ねられました。

私は「だって、ほら、目立たず、隠れず、そーっとやるタイプですから」と答えると、「おまえみたいなヤツはどんどん出て行かなくちゃダメだよ」と久世さん。

私が「大事なときに京都時代が長すぎて、世間から忘れられてしまったのかもしれません」と言うと、「そんなはずはない。できるヤツはどこにいてもできるんだよ」と励まされました。

結婚

妻朋子と結婚したのは私が三十四歳のとき、仕事が乗ってきた一九七六（昭和五十一）年のことです。出会ったのは新宿の行きつけのスナックで、バイトで入ってきました。六歳年下で、ハワイで三年間、服飾デザイナーの勉強をして帰ってきたばかりでした。

私が着ている服は、今でも全部彼女がコーディネートしてくれます。肌の色が黒くてスタイルが良くて外国人みたいでした。

結婚直後はみんなから「奥さんは日本語をしゃべれますか」と尋ねられたものです。当時人気だったハワイ出身モデルのアグネス・ラムにそっくりでしたが、朋子の笑顔のほうがすてきでしたね。

私の一目ぼれですよ。親父《おやじ》さん（植木等）は「芸能人は早めに結婚すべきだ」とよく言っていたし、すぐにでも結婚したかったけれど、一年は付き合わないと男女の関係は分からないとも思いました。

あるとき、枕元にアグネスの写真集が十冊も置いてありました。私が番組か何かで、好きな芸能人の名前を言ったからです。これには参りましたが、朋子はユーモアあふれる女性です。

結婚前、彼女は私のアパートに来て手料理をごちそうしてくれました。ただ、煮物でも何でもいつも山盛りなんです。「なぜ、こんなにたくさん作るの？　オレは少しずつ、いろんなものを食べたいな」とやんわり言うと、「あら、ごめんなさい。つい実家にいるみたいに作っちゃった。山形は寒いから、なるべくたくさん作って真ん中が冷めないようにする習慣があるのよ」との説明でした。家族に温かい料理を出したいという彼女の思いやりに、胸がジーンと熱くなりました。

結婚の申し込みに実家へ行く前日、仕事が長引いて寝過ごしました。先に帰っていた朋子から「起きている？」と電話があったので、跳び起きて上野駅にダッシュしました。着の身着のまま半袖で行ったら、九月でしたが東京と違って山形は歯の根が合わないほど寒かったんです。「娘さんをください」と言うのにスーツも着ていません。礼儀知らずで申し訳ないと思いながら半袖でガタガタ震えていると、箱膳と酒で大歓待されました。

両親は田舎の人だから飲めるだろうと思ったら全然飲めないんです。私だけ飲まされて、翌日「あれ、オレ、お嬢さんをくださいと言ったかな？」と朋子に尋ねると、「それらしいことを言ってたみたい」だって。

結婚式に臨む

結納で再び実家に向かう時には、ちゃんとスーツを着ました。前回よりさらに飲まされた揚げ句、二階の寝室に案内されると、布団は一つで枕が二つありました。両親〝公認〟の婚前交渉です。この文化には感動しました。

朝起きると、階下がザワザワしています。下を見るとモーニングや紋付きはかまを着た人たちが大勢いました。欄間《らんま》には「寿」と書いた飾りが張りめぐらされています。料理もざーっと用意されています。親戚縁者が集まってのお披露目でした。

結納なのに私は一人で来たので、使者役も自分で務めてみなさんにあいさつをしなくてはなりません。朋子に「結納のあいさつは何と言うのかな」と聞くと、「裏口から出て商店街の本屋さんで調べてきたら」と言うので、私はそっと家を抜け出しました。

本を買って、台本を覚えるように読みながら帰ってきました。「本日はお日柄もよろしく……」とオレが言うんだから笑っちゃいますよね。芸能界で売れ始めていたころで、親戚の方々も私を見るだけで喜んでいらっしゃいました。あはは……。

結婚式は質素にやろうとしたら、親父さんが「バカなことを言うんじゃない。小松政夫を売り出すお披露目の式だ。仲人はオレがやる」と言って、東京のホテルに六百人も集まり大盛会でした。親父さんが仲人を務めたのはこれ一回切りです。ありがとう、親父さん。

キャンディーズ

バラエティー番組『みごろ!たべごろ!笑いごろ!!』で共演した女性三人組のアイドル「キャンディーズ」は出色でした。人気絶頂期の一九七七（昭和五十二）年七月に「ふつうの女の子に戻りたい」と解散宣言して以降、コメディアンとしても光り輝くのです。

彼女たちは七八年四月の解散コンサートまで、番組内の「悪ガキ一家と鬼かあちゃん」のコントで解散を自虐ネタにしました。

伊東四朗さんが母親、キャンディーズの伊藤蘭、田中好子、藤村美樹ちゃんと私が子どもの役です。ランちゃんがこけて泣きだすと、スーちゃんやミキちゃんが駆け寄って「私たちには時間がないのよ」「さあ泣きやんで、立ち上がるのよ」と励ますのです。

私や伊東さんが「く、臭い、臭い芝居だなあ」と言っても、三人の頭をしゃもじでたたいたり、スカートをめくったり、ツッコミを日増しに過激にしても全く動じません。

三人は解散が近づくにつれて堂々とボケをかまし、私たちとの絡みにも拍車が掛かりました。

アイドルとしての人気が絶頂に向かっているのに、どんなコントも嫌がらずに喜劇役者として体当たりする姿は見事というほかありませんでしたね。

解散直前に番組の打ち上げで箱根へ隠密旅行をしました。

貸し切りの宴会場で「電線音頭」です。番組では、東八郎さん扮する師匠にキャンディーズが日舞を習っているところに、電線軍団が乱入してこたつの上で踊りだすお決まりのパターンでしたが、宴会での三人は本当に楽しそうに踊っていましたね。

さらに帰りがすごかった。どこで知られたのか、今で言うパパラッチに追いかけられ、都内に戻るとファンも待ち構えていて、私や伊東さんもボディー

コントを繰り広げたキャンディーズと

ガードの役で必死でした。

顔見知りの記者やカメラマンたちに「小松ーっ、どけよ」などと怒鳴られて、あわや乱闘の大騒ぎです。

そうそう、『オールスター家族対抗歌合戦』という番組にミキちゃんと私の家族が出たんですよ。しかも歌合戦でうちの家族が勝ちました。

今でも覚えているのは、ミキちゃんのお父さんの頭が薄くて、あごひげが長かったので「お父さん、顔を逆さまにしたほうがいいんじゃないですか」と失礼なことを言っちゃったんです。ずっと反省しています。ごめんなさい。

はやり言葉

小学生のときに先生が呪文のように唱えた「ニンドスハッカッカ」も、車のセールスマン時代に先輩の口癖だった「知らない、知らない」「どーかひとつ」「何をユージロー、シマクラチヨコ」も、すべて私の周囲にいる人たちの言動が基になっています。それを誇張し脚色して「はやり言葉」を作りました。数えると八十個ほどありますが、それぞれにモデルがいるのです。

「ながーい目で見てください」は、中年のオカマがモデルです。気立てのいい女装した男性と酒を飲んでいるうちに私は寝てしまいました。

ふと目が覚めると隣の部屋で彼が誰かに電話しています。「あなたに料理を作って持って行くわ。洗濯もしてあげる。掃除だって……」と言いながら静かに泣いています。しばらくして受話器を置くと三面鏡を開きました。鏡の中の自分に向かって「年を取ったわ

植木等さん（左端）から「人間観察が鋭い」と評価された（左から２人目）

ね」と独り言です。

そして両目尻のしわを両手で横にクッと引っ張り、「ながーい目で見てください」とぽつり。

飲み屋でもよくネタを仕込みました。カウンターで一人飲んでいると、少し離れた席にホスト風の男性と水商売風の女性が並んでいます。

女性が突然、男性の背広の袖を引っ張って「ねえ、どうしてなの。私の悪いところは全部直すわ。ねえ、おせーて、おせーて」と言いました。男性は黙ったままです。

その「教えて」ではない、「おせーて」の甘ったるい発音が妙に耳に残りました。そして「どうしてなの、おせーて」と相手に絡むギャグにしました。

「もうイヤ、こんな生活」も飲み屋で聞こえた会話からです。女性二人のうち若いほうが「先輩、○○は私に嫌がらせするんですよ。もう許せない。もうイヤ、こんな生活」。

ニュースからも拝借しました。終戦後もフィリピンの密林に潜伏し続けた元陸軍少尉の小野田寛郎《ひろお》さんが、一九七四（昭和四十九）年に帰国しました。テレビ中継でアナウンサーが母親に「何か声を掛けてください」と言うと、母親が「よう生きて帰ってくれました。あんたは偉い」。

その後「表彰状　あんたはエライ　小松政夫」と書いていろいろな方に贈呈したら、女優の森光子さんが大喜びしてくれました。

長年の構想

一九八二（昭和五十七）年、東京・中野のミニシアター「プランB」で長年温めていた『一人芝居～四畳半物語』を上演しました。四十歳のときです。内容はサラリーマンが外で酒を飲み、独り暮らしのアパートへ帰ってきて眠るまでの情景描写と心理描写です。日常の切ない悲哀をシリアスに演じたいと思いました。

喜劇だから笑ってしまう、というのではなくて、至ってまじめな芝居なのにクスクス笑わされることがあります。

「そうそう、ああいうことをオレもよくやるんだ。よく見てるなあ、ふふふ……」みたいなね。そんな笑い、そう、私は米国人俳優ジャック・レモンを目指していたのです。

彼はコメディアンで売り出しましたが、映画『アパートの鍵貸します』などでシリアスな芝居も実にうまいのです。ああいうサラリーマンの悲哀をやってみたいと考えていました。

実は当時、所属事務所の私のスケジュールを見たら、二年先までバラエティーやドラマなどでびっしり埋まっていました。オカマ風の役など私の当たり役ではありますが、同じことを続けるのも少しウンザリしちゃいましてね。

ちょうどそのころ「プランB」から「小松さん、何かやってくれませんか」と言ってきたんです。

そこで当時のマネージャー（現・所属事務所「あ・うん」社長）の関口雅弘君とどんな空間か見に行きました。

クレージーキャッツの舞台なら二、三千人収容の大劇場ですが、そこはコンクリート打ちっ放しの、百人で満席の小さなホールでした。

私が「ここで何をやるんだ」と尋ねると、関口君が「長年の夢であるサラリーマンの悲哀をやりませんか」と提案しました。

するとテレビ番組『今夜は最高！』などの構成作家の高平哲郎さん、直木賞作家になる前の伊集院静さんらが「喜んで手伝うよ」と手弁当で応援してくれました。ＮＨＫの小道具さんたちも素人ではできないドアを作ってくれました。漫談漫画家のマンガ太郎さんは窓を描いてくれました。

そうそう、四畳半の部屋に必要なこまごました物もみんなが持ち寄ってくれました。ブリーフ派の私が舞台でパンツ一枚になるのは恥ずかしいので、関口君の父親のトランクスを借りました。買えばいいのにね、あはは……。

第一部は「四畳半物語」、第二部は得意の「宴会芸」です。さあ、第一部が始まりますよ。みなさん、お酒でも飲みながらゆっくり観てくださいね。

一人芝居

暗転した舞台。女優の桃井かおりさんのナレーションで「マサ坊、どげんしよーとね。あんた、ちゃんと働きよっと?」。照明が入り、アパートのドアがバーンと開いて、酔っぱらった私が「ふひゃあ〜、へっへっへ……」と情けない声を出しながら帰ってきます。狭い玄関で靴を脱ぎますが、片方を履いたまま足がもつれてすぐそばの万年床に倒れ込みます。そのまま二分間全く動きません。客席が「ど、どうした?」とざわつきます。するとグーグーといびきを立てます。観客は「なーんだ、寝ちゃったのか」と分かります。

しばらくしてムクッと起きると、片方の靴を脱ぎ、よろめいて立ち上がって上着をハンガーに掛けます。ズボンを下ろして、布団で寝押しする前に霧吹きするつもりで花瓶の水を口に含みます。次の瞬間、口から水を噴き出しながら「あっ、ゴキブリだ」とわめいてズボンはびしょ濡れです。

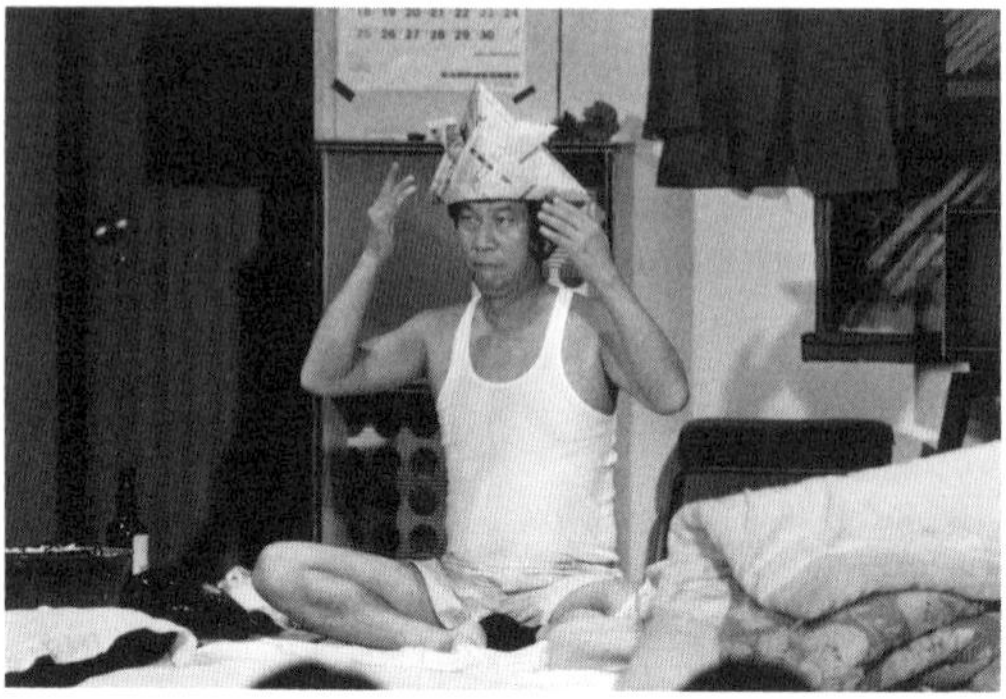

一人芝居で熱演

それを放り投げて布団に潜り込みますが、また起き上がって「おなかがすいたなあ」とつぶやき、おもむろに米をといで炊飯器をセット。これ実物なんです。冷蔵庫を開けるとマヨネーズだけしか入っていません。それを取り出してチューチュー吸いながら固定電話をかけます。

呼び出し音に続いて、受話器を取り上げる音がします。私が「オレだよ、オレ。ちゃんと返事ぐらいしろよ。なに、え？　……あ、間違えました、すみません」と切ります。「間違い電話かけちゃった」とつぶやきながら、今度は手帳を見てかけ直すと、電話に出た相手に「おい、なんだ、おまえ。番号が一つ違うぐらいで、ちゃんと出ろよ」と難癖をつけます。「今度の日曜日、会おうよ」とデートに誘いますが、ふられて「あ、そう」と意気消沈です。

布団に入ったり起きたり、寝支度やいろいろ思い付いたことをします。そして部屋中の小銭をかき集めて、手のひらを見下ろし「これじゃ風俗店に行けないや」と寂しそうに独り言です。そんな独身男性サラリーマンの悲哀を四十分間ほど演じていると、突然チーンと音が鳴ります。実際に炊飯器のご飯が炊きあがりました。それをモグモグ食べて、布団に入り『四畳半物語』の幕が下ります。お客さんは笑わなくてもいい、超リアル（現実）をやりたいと臨んだ一人芝居でしたが、客席は大笑いでした。二日間満席で、翌年は目黒の少し大きい舞台で、翌々年は地方ツアーもやりました。

一部に続いて二部の「宴会芸」では、音楽演出もしていた伊集院静さんが、松任谷由実さんのコンサートで使った竜の頭を舞台に入れようとして大騒動でした。「プランB」の地下への通路を直径三メートルほどの頭が通りません。伊集院さんが竜の角を切り落としました。「いろいろ演出をやったけれど、のこぎりを使ったのは初めてだよ」と笑いました。

イラストレーターの山藤章二さんから「一人芝居とはこういうことかとよく分かった。小松政夫は狂気を秘めた普通人だ」と評されました。

渡辺プロダクションの渡邊晋社長も見に来ました。通路まで満席だったので通路の最上段を少し空けてもらっていましたね。ゲラゲラ笑って、「今回は外部の人たちにずいぶんお世話になったんだね」と高平さんや伊集院さんらを食事会に招いていました。

舞台

一九八四（昭和五十九）年は別役實さん脚本の『獏《ばく》』、五社英雄さん演出の『スプレイ』と舞台が続きました。すごいことをたくさんやって舞台が好きになりました。

当時はお笑いを中心に頑張っていましたが、前年に新劇の舞台に出て「小松は紀伊國屋ホールのまじめな舞台にも立てるのか」と評判でした。マネージャーから「別役さんから声が掛かりましたよ。演劇界の大物戯曲家で、不条理劇の王様です」と聞き、「芝居に不条理があってたまるか」と反発しました。リアルこそ芝居と思っていましたからね。

『獏』はカフカの『断食芸人』が原作です。妻に先日、「オレが長年やってきた芝居の中で何が一番良かったと思う？」と尋ねると、『獏』と言うんですよ。あの不条理劇を一番にあげるとは、意外でしたね。

『スプレイ』では、私が主演の早乙女愛さんを襲う役です。キャミソールを破るシーンで、五社さんは「客席に向かって激しく裂きなさい」と演技指導しましたが、衣装担当から即クレームです。「その衣装は一万円ですよ。毎日一万円の出費を三週間は困ります」だって。私は捕らわれの身になって早乙女さんに首を引っ張られます。それが激しくて公演終了後、頸椎捻挫《けいついねんざ》になってしまいました。

この舞台のすぐ後に、一人芝居の福岡公演が予定されていました。ホテルで起き上がることもできず延期かなと嘆いていると、博多二中の同級生でムッチンの毛利征彦君が助けてくれました。首を引っ張る牽引が激痛でできません。そこで毛利君の知り合いの医者が、私に何かの注射を打って爆睡している間に牽引してくれたのです。

翌朝、けろっと治りました。その医者に「先生、ものすごく気持ちのいいあの注射をもう一本打ってください」とお願いすると、「ダメダメ。あれはモルヒネですよ」と断られました。あはは……。

『スプレイ』には後日談があります。女優の熊谷真実ちゃんが「早乙女さん主演の時は脇役だったので、今度は自分が主役で再演したい」と希望して、八六年に実現したのです。私は同じ役でした。その稽古に真実ちゃんのお母さんがやって来て「真実、男性が奮い立つような演技をしなさい」と言ったのです。母親は本当に偉いなと思いました。

師弟関係

プロレスラーの大仁田厚君が「小松さんの弟子にしてほしい」とやってきました。一九八五（昭和六十）年ごろのことです。プロレスを一時期やめていたときで、およそ一年ぐらい私のところにいたでしょうか。「じゃあ明日から車で私を迎えにおいで」と言った翌朝、なんと彼がキャデラックのオープンカーを運転して来たのには驚きました。プロレスの大先輩、ジャイアント馬場さんからもらったとか言ってましたね。

ある日、仕事が終わって「帰りがけにご飯を食べよう。あの焼き肉屋へ寄ってごらん。君もおいで」と言ったのですが、大仁田君は「いや、まだ自分は、親分と一緒に飯を食う資格はありません」と実に礼儀正しいんです。

ところが、あの筋肉隆々の立派な体格の男が後ろ手に腕を組んで、焼き肉屋の玄関の横にじっと動かず立っています。店内に入ってきたほかのお客さんたちが「入り口でさ、こうやって仁王立ちになっている人、あの人何なの、気持ち悪い」などとひそひそ話しているのが聞こえて、大仁田君を「頼むから中に入ってね」と説得しました。あはは……。

彼はマッサージが得意で、私の疲れた体を一時間もかけてほぐしてくれました。しばらく芸能界にいましたが、その後、再びレスラーに復帰して新団体を立ち上げてブレイクします。さらに参議院議員も一期務めました。わずかの間ですが私の弟子になったことで、表現方法など彼のその後に何か役に立つことがあったとすれば良かったですね。

地方巡業などで若い役者や芸人と飲んでいると、親父《おやじ》さん（植木等）と私の師弟関係を聞きたいだろうなと思って話をします。四六時中そばにいて親父さんが喜ぶことを一日一回やろうと頑張ってきたことや、だからこそ今の私があることなどを笑い話もちりばめて話します。

しかし、彼らの反応は「へえ、煩《わずら》わしかったでしょうね」「難儀でしたね」ですよ。そう言われると私は涙が出るほど悔しくなります。師弟関係の良さ、温かさ、素敵さ、面白さが今の人たちには一切通じないんです。彼らは数十万円も学費を出してお笑い学校とかで勉強しているようですが、そんなところでは何ものにも代え難い師弟関係は教えてくれないでしょうね。

二人芝居

一九九〇（平成二）年ごろから二〇〇〇年代は、俳優のイッセー尾形さんと、「二人芝居」をやりました。途中間が空いたこともありましたが、一緒に旅巡業もやって楽しかったなあ。

きっかけはある日、イッセーさんの事務所から「一人芝居などで芸を磨いてきました。さらに二人芝居で想像力を広げたいのですが、一緒にやる相手は男なら小松さんしかいないとイッセーが言っています」という熱心な手紙をいただきました。私も一人芝居をやっていましたが、一人より二人が楽ですもんね。

当初はアイデアを出し合い、人物設定だけして即興で演じました。後に台本も書きましたが、よほど気が合ったのでしょうね。いつもアドリブの応酬になります。ひと舞台でネタを五、六本披露しました。

例えば高校の親友同士が上京して波瀾万丈《はらんばんじょう》の人生を送り、再び田舎に帰るまでの物語を、イッセーさんのギターやバイオリン、私の歌でミュージカル風に仕立てました。しかも私は女性にも早変わりする一人二役です。

もし超高齢者の二人組が警備員をやったらどうなるか、もし米国とロシアの軍事衝突を止めたと主張する口八丁の船長が港で余生を送っていたら何が起きるか、など構想があふれ出ました。

数百人収容のホールが毎回大入りでした。イッセーさんはある意味、天才です。また一緒に芝居ができたらいいなあ。

伊東四朗さんとの「二人芝居」は、若いころバラエティー番組で「電線音頭」「小松の親分さん」などをヒットさせた仲です。

当時もネタを何時間も苦しんでひねり出し、起死回生《きしかいせい》の一発逆転でヒット作になることがありましたが、一九九五（平成七）年に新宿でやった芝居は久しぶりで懐かしかったですね。

学徒出陣した二人が無人島に漂着して、一人が地雷を踏んだらさてどうするという物語でした。十二日間の公演はすべてチケット完売でした。

伊東さんとは今でも『特捜9』などテレビドラマで共演します。先日「伊東さん、いつまでこの仕事をやるの」と尋ねたら、「いやもう、脳トレしながらやってるよ」だって。「そんなことしてまで仕事にかじりつくの？　おとっつあん、やだやだやだ。オレはせりふを覚えられなくなったらすぐ辞めるよ」と言いました。

伊東さんは昔からまじめ、オレはずぼらでしたから。

トニー谷さん

忘れられない大先輩がいます。ジャズコンサートの司会から芸人になったトニー谷さんです。「さいざんす」「私しゃあなたにアイブラユー」「あなたのお名前なんてえーの」などはやり言葉もすごい人で、映画にもたくさん出演されました。

芸能界では、歯に衣《きぬ》着せぬ物言いをして嫌われていましたが、なぜか私をかわいがってくれたのです。

私の舞台は必ず見に来て批評してくれました。

「もう貧乏になっちゃったけれど、これあげるよ」と言って当時二十万円もする高級ブランデーを持って来てくれたり、喜劇王チャップリンからもらったというステッキや、トニーさんが師匠とあがめていたエノケン（榎本健一）さんのハンチング帽子を譲っていただきました。

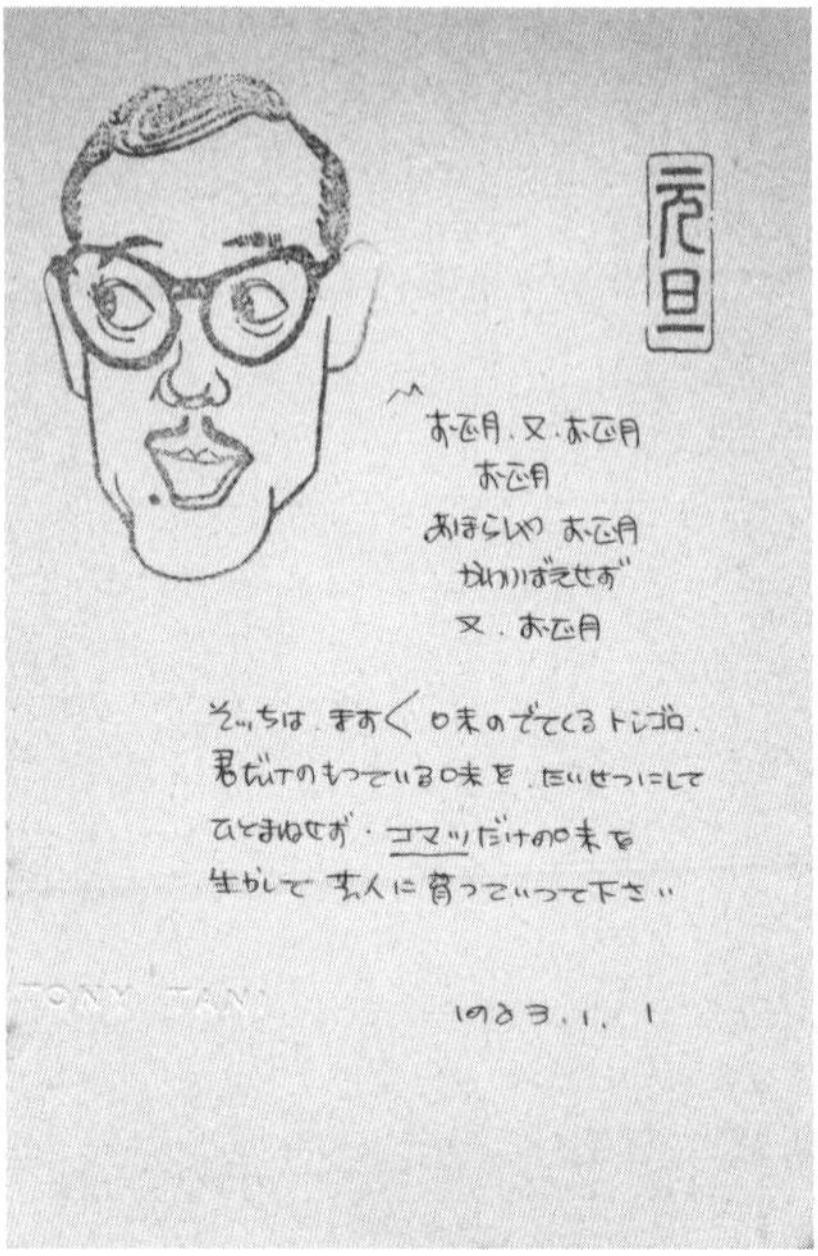

トニー谷さんからの年賀状

一九八三（昭和五十八）年にトニーさんから届いた年賀状の文面です。

「お正月、又《また》、お正月　お正月
あほらしや　お正月　かわりばえせず　又、お正月
そっちはます〱味のでてくるトシゴロ。君だけのもっている味を、たいせつにして　ひとまねせず、コマツだけの味を生かして芸人に育っていって下さい」

また旅先から「芸人はお迎えくるまで稽古あるのみ（中略）俺のヒイキの小松君の、よい発展と冒険を希《ねが》って拍手をおくりつづけます」と書いた手紙まで送ってくれました。

博品館劇場で八六（昭和六十一）年に私が座長、漫画家の赤塚不二夫、タレントのタモリ、演出家の滝大作、高平哲郎さんら飲み仲間の面白クラブメンバーで舞台「オー！ソノ、ソノ！」をやったときも、楽屋に突然いらっしゃいました。

「見たよ。良かった、良かったよ」と言って入ってくると、エノケンさんの小さな位牌《いはい》を机に置いて「オヤジ、小松がね、いい座長になりました」と拝みながらボロボロ泣くんです。私も思わず立って一緒に並んで頭を下げました。

翌八七年に六十九歳で亡くなられました。あれほどの大スターが晩年は不遇でした。

私のバラエティー番組にゲスト出演してもらったとき、スタジオに遅れて来て「受付の女性に『トニー谷だけど』と名乗ったら『トニタニさんですか』と言われて、手こずっちゃった」とおっしゃいましたが、若い人たちに名前も忘れられていくことを逆手に取ったトニーさんらしい粋なしゃれでしたね。

のれん分け

師匠の親父《おやじ》さん（植木等）から一九九六（平成八）年の夏、「ごちそうがあるから飲みにおいで」と電話がありました。自宅へうかがうと、お嬢さんと奥さんが「小松政夫さんに贈呈式を行います」と言いました。紅白のひもが付いた木箱を渡されて開けると、楽屋の入り口に飾る立派な〝のれん〟です。松崎家の左三巴《ひだりみつどもえ》の家紋と「小松政夫さん江《え》　植木等より」の文字が染めぬいてあります。文字は親父さんの毛筆です。

「俺の筆の勢いがいいうちにと思ってね」と話す親父さんの顔が、私の涙でみるみる潤みます。

「これなあ、女房の着物一着分だよ」

私は付き人時代から奥さんの呉服店によく同行していたので、着物の値段が分かります。反物だけで七十万円はするでしょう。染め上げるのに五ヵ月もかかったそうです。

後で呉服店が「公演が終わるたびに洗い張りしましょう」と言いました。親父さんから俳優として認めてもらえた、これが名実ともに「のれん分け」だと万感の思いでした。

ところが後日談です。親父さんと舞台に上がった明治座の楽屋に、このすてきな〝のれん〟を掛けました。すると共演するベテラン女優が「おはよう」と、白塗りした手と顔をべったり〝のれん〟に押し付けて入ってきました。ふつう化粧したら、〝のれん〟をよけながら入るのに、べたべた白粉《おしろい》が付いてしまいました。

私は「大変失礼な言い方ですが、先輩とも思えませんね。〝のれん〟の扱い方をもう少し勉強してください」と抗議しました。

すると独特の髪型をしたその女優は「あんた、私に意見するなんて生意気だわね。植木さんに言いつけちゃおう」と怒って出て行きました。

彼女が「植木さん、小松政夫ったら、とんでもな

植木等さんから〝のれん〟を提供される

いことを私に言ったんですよ。あれを叱ってください」と言うと、親父さんは「あなたが悪い」ときっぱり言ってくれたそうです。

後年、地方公演で、私の付き人がその家宝の〝のれん〟を忘れてしまいました。そこでバスタオルを買ってきて真ん中を〝のれん〟のように切り「小松政夫さん江　バラク・オバマより」と油性ペンで書いて掛けると、共演者がみんな記念撮影して大騒ぎでしたね。あはは……。

家族のこと

親父《おやじ》さん（植木等）は晩年、テレビドラマ『名古屋嫁入り物語』が当たりました。名古屋弁は音程を採譜して極めました。さすがジャズギタリストです。その舞台版が中日劇場で四回あり、私は一九九八（平成十）年と二〇〇二年に共演しました。しかも九八年の劇中劇で、私は息子の将高と「忠臣蔵」の大石内蔵助、大石主税役で親子共演までさせてもらいました。

そのときの関係者顔合わせでの親父さんのあいさつに驚きました。

「小松政夫が私のところに来て三十数年になります。今回、素人ながら同じ舞台を汚させていただきます、私が仲人をした小松の長男将高です。将高、出てきなさい」と言って、みんなに息子を紹介するのです。「どうか、ひとつ、よろしくお願いします」と頭を下げていただきました。

ふつう顔合わせでの主役のあいさつは「名古屋の皆さま、お待ちどおさま。元気に参りますよ。皆さまも体に気を付けて頑張りましょう」などとあいさつするものですが、息子の紹介だけでした。親父さんに親子ともども面倒をかけて、私は涙が止まりませんでした。というのも、私の息子は小学生の時からいじめられてきました。私がテレビ番組でバカバカしい芸風を売りにしていたことが原因のようでした。けがをして帰宅したこともありました。

理由を聞くと「自転車で転んだ」などと言いますが、明らかに違いました。私が「学校にねじ込んでやる」と憤《いきどお》ると、息子は「放っておいてよ」と、私に迷惑をかけまいと精いっぱいの我慢をするのです。

あれは息子が高校でも嫌な目に遭っていたころのことです。一度も私の舞台をのぞいたことがなかったのに、新宿コマ劇場の『アニーよ銃をとれ』を見に来ました。私はインディアンの族長シッティング・ブルの役でした。約百人のダンサーを従える姿が圧巻だったようです。

終わった後、名古屋公演もあると聞くと「連れて行って」と言います。「弟子でもないのに金がかかる」と言うと、バイトを三つもかけ持ちして旅費と宿代をためました。

その熱意に負けて一緒に名古屋へ行くと、俳優さんの身の回りの世話や裏方さんの手伝いをしていました。

将高が「若い人たちもいろいろ言いたいことがあるようだから話を聞いてくれないか」と言うので、みんなを居酒屋に連れて行きました。すると「将高君は気が利く」と周囲の評判でした。

それからしばらくは、私のもとで俳優の見習いをしていましたが、親が俳優だからやりにくかったのでしょう。もともと好きだった音楽の世界に進み、今はスタジオを経営して所帯を持って頑張っています。

それにしても車のセールスマン時代も稼ぎ、芸能界でもこんなに休みなく働いてきたのにお金と縁がありません。妻に「どうしてこんなに貧乏なんだろう」と尋ねたら、「あなたがみーんな飲んじゃったからよ」だって。大酒飲みでごめんなさい。

お別れ

ついにその日が来ました。親父《おやじ》さん（植木等）は晩年、肺気腫《はいきしゅ》になり酸素ボンベを引いて歩いていました。『名古屋嫁入り物語』の舞台シリーズが大当たりして、中日劇場からは新作について「植木さんの体調が優れなければ、車いすに乗って一シーンだけでも結構ですので出演してもらえませんか」とも言われました。

例えば、親父さんが作った会社で息子役の私が会議をしているところへ、親父さんが車いすで現れてひと言「だちかんぞ（ダメだぞ）」という台本を作りたいとの提案です。そうすれば「植木等出演の看板を掲げられる」と。それほど親父さんの人気は続いていましたが、さすがに名古屋へ行くのは無理でした。

私は二〇〇七（平成十九）年三月の、中日劇場『舟木一夫特別公演』に出るため、親父さんの自宅へ「一ヵ月ほど東京を離れます」とあいさつに行きました。親父さんは壁伝いに「はー、はー」と息苦しそうに玄関まで出て来て、いつものように「上がれ……上がれ……」と言います。とてもそんな状態ではないので断ると「そうか……名古屋へ行くのか……。みんなに……よろしくな」。それが最後の言葉でした。

当時の親父さんの付き人に名古屋から毎日電話して体調を確認しました。千秋楽の三月二十六日を迎え、幕が降りたら深夜に東京へ戻り、明日は親父さんに会いに行けると思うと少しホッとしました。

ところが翌朝、付き人から電話がかかって「危ないです」と言うではありませんか。家を飛び出し、通りかかったタクシーに飛び乗りましたが、病院までの道に迷いました。やっと探し当てて病院の玄関が見えたときに携帯が鳴りました。

「今逝《ゆ》かれました」

病室に駆け込んだのは数分後でした。親父さんの体は温かいんです。奥さんが「あなたが来るのを待ってたみたいね」とおっしゃいました。

私は奥さんと一緒に親父さんお気に入りの着物を着せて、最後に親父さんの眉《まゆ》にくしを入れました。生前、親父さんが「な、濃いんだよ、これが」と言いながらくしを入れて笑っていたのを思い出し、まねしました。私は親父さんと一緒に笑っているつもりでしたが泣いていました。

親父さんから聞いた言葉です。

「おまえな、好きこそものの上手なれ、なんてないんだよ。プラス努力だぞ」

親父さんは大好きな音楽も舞台も、誰よりも努力していました。

「七十歳になったら、オレはなーんにも怖くない」

それまでは「おまえ、怒りたいことがあっても二、三日よく考えて、自分が間違っていないと分かったらそのとき初めて怒るんだよ」と言っていました。

私がけんかっ早いことをご存じで、我慢の仕方を教えてくださったのです。でも私も七十七歳。これからは言いたいことを何でも言いますよ。え？　もう言ってましたか。あはは……。

喜劇

海外では一つの芸が当たると、一生それだけで食べていける環境があります。いつも同じ芸だから腕は上達します。ほかのことをやると客が「余計なことをするな。オレはおまえのいつもの芸を見に来たんだ」と怒ります。

これこそ正真正銘のボードビリアン、芸人です。日本ではそれと違って、すぐに新しいネタを出さないと飽きられてしまいます。

今の芸人と言われる人たちは顔つきがよくないですね。芸人は穏やかな顔になったらおしまいです。

バラエティー番組の内容もガラッと変わりました。

一流の歌やダンス、コントは消えて、ひな壇に並んで他人の悪口を言っています。しゃべった者勝ちの彼らは芸人なのでしょうか。しかも彼らは、個人がそのままキャラクターになっています。

私たち世代の芸人は、一人でキャラクターをいくつも作りました。はやり言葉がたくさんあるのも、キャラクターが全部違うからです。

私の長い芸歴の中で「電線音頭」や「小松の親分さん」をやったのはわずか二年ほどですが、今でも「テレビを見ながら電線音頭を一緒に踊りましたよ」と言われたり、「あっ、小松の親分さんだ。こっち向いてください」と記念撮影を求められます。ずっと覚えていただき、また若い人にも映像で追体験してもらい、本当にありがたいことです。

コメディアンは毎日が勉強です。歌もダンスも浪花節も新劇も歌舞伎も、何でもこなせるのが芸人、そう喜劇人です。

私は体が動く限り、走り回って、飛び回って、この白髪に大汗をかいて、最後にホロッと泣かせるような芝居を続けていきたいんです。

芸能生活は五十年を超えました。二〇一九年一月に喜寿を迎えましたが、死ぬまでアホをやり続けますよ。何でもできる喜劇人として、シリアスな演技もできるコメディアンとして、みなさんを笑わせて泣かせたいんです。

『シャボン玉ホリデー』を演出した秋元近史さんの葬儀で、奥さんはずっと明るかったたんです。

「さあ、飲んで、飲んで」と酒を注いで回って笑っています。火葬して骨を拾っている間、奥さんは童謡「ちょうちょう」を歌っていました。

「のど仏を骨つぼに入れてください」と言われた途端、奥さんは震えだし、私たちも一斉に泣きました。

これがリアルです。現実ですよね。笑って笑って、最後に涙があふれ出す。そんなシリアスな喜劇をお届けしたいんです。

これから

今でも時々見る夢があります。広い野原で、短パンにランニングシャツの子どもの私が寝転がっています。

青い空の下、「ピーヒャラ、プププー」「タンタン、タタタン」とちんどん屋の音が聞こえてきて、私は起き上がります。するとクラリネットと太鼓を奏《かな》でている男女二人が本当に楽しそうに踊っているのです。

人形浄瑠璃《じょうるり》の人形は涙を流しません。じっとしていると顔の表情は同じです。しかし、ひとたび人形遣いが操ると、ちょっとしたしぐさで表情がいくらでも変わります。

感情を豊かに表現できるのです。

片方の袖を顔の横に当てて「えっ、えっ……」というような動きをすれば本当に泣いているように見えます。

佐野史郎さんと二〇一八（平成三十）年に共演したテレビドラマ『限界団地』で、私は妻に先立たれて後追い自殺する役でした。

台本には「死にたい」というせりふが何度もありましたが、果たしてそう言うでしょうか。

リアルさに欠けると思い、台本からそのせりふをとってもらいました。

コメディアンには、哀愁がないといけません。

そういう意味でも、一人芝居『四畳半物語』の老人編をやってみたいですね。若い時は独身サラリーマンの設定でしたが、今度は妻を亡くした独居老人です。

自宅に帰って来て仏壇の前に座ります。チーンと鳴らす鈴《りん》を探しますが、見当たりません。

そこで代わりに鍋をカーンと鳴らします。妻の忘れ形見のハンカチを手にして思いにふけっていると、猫

石倉三郎さんと舞台で共演、浅草公会堂で

が現れて目の前で用を足します。

慌ててハンカチで畳をふいてホッとすると同時に、忘れ形見だったと気づいて「しまったあ……」と情けない声を発します。

気分を変えようとコンビニで買ってきたエロ本を開けると、ブルーレイディスクが転り出ます。「なーんだ、VHSビデオじゃないんだ」としょげ返ります。

今度は何をしようかという話を若手喜劇役者の入山学君たちとします。

盟友の石倉三郎さんには「親分、老け込むにはまだ早い」と叱咤《しった》されます。石倉さんとは、一八年八月に浅草公会堂の『浅草21世紀公演』の中で二人芝居をしました。ぴったり息が合って好評でしたよ。

同年九月には明治座の『梅沢富美男劇団特別公演』で、「電線音頭」を一日二回、一ヵ月近くも披露しました。同じく十月には北海道・士別市で入山君と二人芝居をやりました。元気でしょう。休む暇もありませんが、お客さんの笑顔がパワーの源泉です。

一九年も博多座の舞台や地方公演などの仕事がいろいろ決まっています。

七十七歳、喜寿になりましたが、喜んでもらえる限りテレビや舞台、映画、何でもやりますよ。

みなさん〈小松政夫笑（ショー）〉は閉幕です。笑っていただけましたか。

最後に淀川長治さんのものまねで「サヨナラ」ではなく、次の言葉でお別れです。

「はい、また後でお会いしましょう」

初出紙　東京新聞（中日新聞）「この道」二〇一八年七月二日～一〇月六日

著者略歴

一九四二年、福岡県博多に生まれる。一九歳のとき、役者を目指して上京、俳優座を受験、試験に受かったものの、数千円の入学金が払えず断念する。その後、横浜トヨペットでトップセールスマンとなるが、一九六四年にクレージーキャッツの植木等の付き人兼運転手の募集に応募、六〇〇人の中から選ばれる。

その後、コメディアンとして、日本テレビの「シャボン玉ホリデー」でテレビデビュー、初舞台はクレージーキャッツの日劇公演。以降、数え切れないほど、テレビ、映画、舞台に出演。大ヒットした芸には「淀川長治」「電線音頭」「しらけ鳥音頭」「タコフン音頭」「小松の親分さん」など多数があり、伊東四朗とのコンビ芸も大受け。

二〇一一年に社団法人日本喜劇人協会一〇代目会長に選出される。

著書には『のぼせもんやけん』（竹書房）、『昭和と師弟愛　植木等と歩いた43年』（KADOKAWA）など多数がある。

ひょうげもん——コメディアン奮戦《ふんせん》！

二〇一九年三月一〇日　第一刷発行

著者　小《こ》松《まつ》政《まさ》夫《お》

発行者　古屋信吾

発行所　株式会社さくら舎　http://www.sakurasha.com

東京都千代田区富士見一‐二‐一一　〒一〇二‐〇〇七一

電話　営業　〇三‐五二一一‐六五三三　FAX　〇三‐五二一一‐六四八一

編集　〇三‐五二一一‐六四八〇

振替　〇〇一九〇‐八‐四〇二〇六〇

装丁　アルビレオ

印刷・製本　中央精版印刷株式会社

ISBN978-4-86581-188-9